SEKUNDARSTUFE
Klasse 5 – 10

Martin Staeckling

Digital unterrichten

Apps & Co. für **Spiele im Deutschunterricht** gezielt einsetzen

Fertige Stundenentwürfe

Cornelsen

Der Autor

Martin Staeckling hat in Münster und Osnabrück Musik, Deutsch sowie das Unterrichtsfach Pädagogik studiert, arbeitete einige Jahre als Lehrer an einem Gymnasium in Bochum und ist inzwischen im Bereich der Potenzialanalyse tätig. Außerdem leitet er Lehrgänge im Bereich „Digitale Medien im Unterricht".

Projektleitung: Dorothee Weylandt, Berlin
Redaktion: Daniela Brunner, Korschenbroich
Umschlaggestaltung: Corinna Babylon, Berlin
Layout: fotosatz Griesheim GmbH
Technische Umsetzung: Reemers Publishing Services GmbH, Krefeld

www.cornelsen.de

1. Auflage, 1. Druck 2023

Druck: H. Heenemann, Berlin

ISBN 978-3-589-16931-3

Inhaltsverzeichnis

Vorwort

Der Nutzen digitaler Spielideen für den Unterricht

Spiele sind und waren immer ein fester Bestandteil des modernen Deutschunterrichts. Durch die Digitalisierung, die sich nach und nach in vielen Klassenzimmern durchsetzt, lassen sich auch Spiele digital umsetzen.

Dafür sprechen einige Argumente: Schülerinnen und Schüler werden durch kaum etwas mehr motiviert, als wenn mehr oder weniger attraktive Inhalte mithilfe von Gamification und digitalen Spielen aufgewertet werden und dadurch auch Spaß machen können. Hierbei spielen Spannung und spielerische Herausforderungen eine wichtige Rolle. Der jeweilige Arbeitseinsatz wird sofort sichtbar, falls ein Spiel gewonnen oder eine hohe Platzierung erreicht wird. Lernende lassen sich so mithilfe von Gamification stärker motivieren als es bei gewöhnlichen Methoden der Fall ist. Das Game-Based-Learning ist beim Erlernen von Unterrichtsinhalten besonders effektiv: ein Lernspiel, das dem Erwerb bzw. der Einübung und Festigung von schulfachbezogenen Inhalten und Kompetenzen dient. Dies gilt sowohl für analoge als auch für digitale Spiele, die in diesem Band vorgestellt werden. Lernspiele können im weiteren Sinne auch verschiedene Faktoren fördern, wie die kreative Gestaltungsfähigkeit, das Vorstellungsvermögen, die Problemlösekompetenz sowie affektive, soziale und motorische Kompetenzen.

Neben dem Erlernen und Üben von Unterrichtsinhalten nutzen digitale Lernspiele typische motivationsfördernde Elemente von Spielen im Allgemeinen. Hierzu zählen der *Flow-Effekt, das Punkte-* sowie das *Feedbacksystem*:
- Der **Flow-Effekt** bedeutet, dass das Spielen bei den Lernenden selbst einen solchen Spielspaß auslöst, dass sie sich voll auf das Spiel konzentrieren und keine zusätzlichen Belohnungssysteme nötig sind.
- Bei einem **Punktesystem** können Lernende ihren Fortschritt einsehen, was zusätzlich motivieren kann, Punktrückstände zu anderen aufzuholen.
- Das **Feedback** hat vor allem in Lernspielen eine wichtige Rolle. Hier ist vor allem Feedback gemeint, welches den Lernenden suggeriert, dass sie etwas gut gemacht haben oder aufzeigt, wenn dies nicht der Fall ist. Jedoch sehen Spiele im Grunde davon ab, negative Rückmeldungen in den Mittelpunkt zu stellen. Stattdessen liegt der Fokus auf positiven Formulierungen, wie „Beim nächsten Mal klappt es bestimmt besser".

Diesen Aspekten ist gemeinsam, dass sie auf die Spielerinnen und Spieler äußerst motivierend wirken. Im Falle von Lernspielen führt diese Motivation auch zu gesteigertem Lernspaß und -erfolg.

Fehler werden in diesem konstruktiven Feedbacksystem als etwas Positives gesehen. Man kann aus vorherigen Irrtümern lernen und sich so langfristig verbessern. Dies wird auch als „Trial and Error"-Effekt bezeichnet – ein bekannter Begriff in der Spieltheorie. Fehler als Teil des Erfolgs anzusehen ist nachgewiesenerweise sehr fördernd für den Lernprozess und kann daher die Motivation, Dinge immer wieder zu probieren, steigern. Außerdem kann die Angst vor Fehlern dadurch minimiert werden, ein Aspekt, der den Lernprozess stark hemmen kann.

Besonders für den Themeneinstieg, die Wiederholung und die Festigung sind digitale Lernspiele geeignet. Hierbei sollte darauf geachtet werden, das Lernspiel immer mit einer anschließenden Reflexion zu verknüpfen. Lernspiele können auf ihren Lerneffekt hin überprüft werden. Es ist wesentlich, den gespielten Inhalt mit den Schülerinnen und Schülern zu hinterfragen und das Gelernte zu besprechen, um herauszufinden, wie effektiv die Lernenden den Spielprozess wahrgenommen haben.

Zu den positiven Effekten von Lernspielen kommt der Umstand, dass die Lebenswirklichkeit der Schülerinnen und Schüler heutzutage schon viel digitaler ist, als es ihre Schulen selbst oft sind. Vor allem Computerspiele sind für Jugendliche ein wichtiger Bestandteil ihres Lebens, was durch immer bessere Spiele und technische Gegebenheiten verstärkt wird. Jugendliche spielen in Teams zusammen und entwickeln so eine Form des sozialen Verhaltens, das sich auch für den Deutschunterricht nutzen lässt. Außerdem verfügen sie über gute Technologiekenntnisse, die sie in die Verwendung der jeweiligen Spiele einbringen können, wodurch sie stärker in die Planung und Durchführung des Unterrichts integriert werden können.

Natürlich bedeutet der Einsatz von Spielen immer einen gewissen Mehraufwand, der in der Vorbereitung der jeweiligen Spiele liegt. Diese können dann jedoch nach einmaliger Vorbereitung in verschiedenen Lerngruppen eingesetzt werden. Um genug Motivation bei den Schülerinnen und Schülern zu erzeugen, ist die Rolle der Lehrkraft bei der Durchführung und Moderation immens wichtig. Diese Rolle unterscheidet sich von der gewöhnlichen Lehrerrolle, da viele Faktoren der Unterrichtsführung auf die Spiele übertragen werden und so z. B. oft das Feedback für die Durchführung einer Aufgabe vom Spiel von der jeweiligen App kommt.

Zur Umsetzung der Spiele kann auf Technik zurückgegriffen werden, die in vielen Klassenzimmern schon angekommen ist. So benötigt man für die meisten vorgestellten Spiele einen Beamer, WLAN und ein Endgerät. Sollte nicht alle Technik zur Verfügung stehen, kann diese durch analoge ersetzt oder ergänzt werden (z. B. durch ein Arbeitsblatt). Außerdem werden einige Spiele vorgestellt, die sich mit Tablets spielen lassen, da auch diese immer mehr Schülerinnen und Schülern zur Verfügung stehen. Die Verwendung der entsprechenden Apps wird für die jeweiligen Unterrichtsstunden erklärt. Häufig werden kostenlose Apps oder entsprechende kostenlose Alternativen vorgestellt, um langfristige Genehmigungsvorgänge zur Kostenübernahme durch den Schulträger zu vermeiden.

Eine kurze Einführung zum Arbeiten mit diesem Band

Zu jedem Kapitel des Buches gibt es eine Übersicht, in der zuerst die Lerninhalte skizziert werden. Anschließend werden die einzelnen Unterrichtsthemen vorgestellt. Schon hier werden die entsprechenden Medien angegeben, die für die jeweilige Unterrichtsstunde benötigt werden.

Bei den einzelnen Entwürfen stehen zuerst die *Lernziele,* die am Ende des Spiels erreicht werden können. Sie lassen sich so auch besser überprüfen: In der Nachbereitung kann die Frage gestellt werden, welche Lernziele wirklich erreicht wurden und welche in weiteren Unterrichtsstunden noch erreicht werden können. Die in der Kapitelübersicht genannten digitalen Medien werden dann explizit für das vorliegende Unterrichtsvorhaben genannt.

Bei entsprechenden Apps und Tools werden teilweise verschiedene Alternativen angegeben. In der Vorbereitung werden alle wichtigen Schritte aufgeführt, die im Vorfeld geschehen müssen. In diesem Zusammenhang wird auch kurz erläutert, was in das jeweilige Tool oder die jeweilige App eingegeben werden muss, um das entsprechende Spiel generieren zu lassen. Auch wird auf technische Aspekte, wie das Aufladen der Endgeräte oder den thematischen Lernstand der Lerngruppe hingewiesen.

Unter dem Stichwort *Material* werden Endgeräte und weitere technische Geräte genannt, die für das Unterrichtsvorhaben notwendig sind. Weitere Punkte sind vorgeschlagene *Klassenstufen,* die *Sozialformen* und der *Zeitbedarf.* Hierbei können Sie variieren und die jeweiligen Stunden an ihre Lerngruppen anpassen. Anschließend finden Sie einen Stundenverlaufsplan mit der *Einteilung Einstieg, Erarbeitungsphase* und *Sicherung.* Hier wird genau erläutert, wie die Stunde aufgebaut ist und wie das Spiel eingesetzt werden soll. Abschließend finden Sie Arbeitsaufträge und Arbeitsblätter, die auch digital im Tablet verwendet werden sollen.

Folgende Abkürzungen werden in diesem Band verwendet:
SuS – Schülerinnen und Schüler
EA – Einzelarbeit
PA – Partnerarbeit
GA – Gruppenarbeit
UG – Unterrichtsgespräch
AB – Arbeitsblatt

Tabellarische Übersicht der Spieleapps und Tools

Auf der folgenden Seite finden Sie eine Übersicht der eingesetzten Spieleapps. Es werden hier nur die Apps und Tools vorgestellt, die als reine Spiele gedacht sind. Zu den anderen Anwendungen finden Sie genaue Angaben bei den jeweiligen Unterrichtsvorhaben.

Name des Spiels/Spieltyp	Verfügbar unter	Kurzbeschreibung
Quiz (Kapitel 1.1)	Padlet, Trello, Taskcards	Wie auf einer analogen Pinnwand lassen sich hier verschiedene Inhalte in die jeweilige Ordnung zu Oberbegriffen bringen.
Pferderennspiel (Kapitel 1.3)	Learning Apps	Bei diesem Spiel müssen Fragen beantwortet werden. Mehrere Mitspieler/innen treten gegeneinander an. Optisch wird der Wettbewerb als Pferderennen angezeigt. Mit jeder richtigen Antwort bewegt sich das Pferd. Gewonnen hat die- oder derjenige, die oder der zuerst das Ziel erreicht.
Stadt – Land – Fluss (Kapitel 1.4)	stadtlandfluss.cool	Dieses Spiel funktioniert wie sein analoges Gegenstück. Es kann mit Kategorien aus dem Deutschunterricht gefüllt werden. Die digitale Version ermöglicht besseres kollaboratives Spielen.
Lückentext (Kapitel 1.2, 2.3 und 3.3)	Learning Apps, Hot Potatoes, Kahoot, Quizizz, Socrative	Ein vorbereiteter Lückentext muss ergänzt werden. Den SuS wird ein Feedback zum Ergebnis gegeben. Das Spiel ist abgeschlossen, wenn alle Felder korrekt ausgefüllt sind.
Quiz (Multiple-Choice) (Kapitel 1.5)	Kahoot, Quizizz	Hier kann ein Multiple-Choice-Quiz erstellt werden. Es gibt jeweils vier Antwortmöglichkeiten und nur eine richtige Antwort. Das Spiel kann im Klassenverband gespielt werden. Um zu gewinnen, muss man die Fragen möglichst schnell beantworten.
Zuordnungsspiel (Kapitel 2.1)	Learning Apps	In diesem Spiel müssen mehrere Begriffe den jeweiligen Oberbegriffen zugeordnet werden. Das Programm zeigt jeweils an, welche Begriffe nach einer Runde noch falsch zugeordnet worden sind.
Offene Textantwort (Kapitel 2.2)	Learning Apps, Hot Potatoes	Auch in diesem Spiel müssen Fragen beantwortet werden, wobei freie Textantworten möglich sind.
Reihenfolge-Spiel (Kapitel 4.2, 4.3)	Learning Apps, Hot Potatoes	Hier müssen Abläufe in die richtige Reihenfolge gebracht werden. Das Programm gibt Feedback zu Fehlern und hilft so dabei, zur richtigen Lösung zu kommen.
Millionenspiel (Quiz) (Kapitel 4.4)	Learning Apps, Kahoot, Quizizz	Auch hier wird ein Multiple-Choice-Quiz gespielt, das von der Optik und dem Verlauf her an „Wer wird Millionär“ angelehnt ist.
Landkartenspiel (Kapitel 5.2)	Learning Apps	Bei diesem Spiel müssen auf einer Landkarte verschiedene Orte zugeordnet werden.
Digitale Schnitzeljagd (Kapitel 6.4)	Actionbound, Aris	Mithilfe von Handys und Tablets werden Aufgaben an verschiedenen Orten im Raum gelöst, die über QR-Codes abrufbar sind.

Dieses Buch soll Ihnen Möglichkeiten zeigen, wie man Lerninhalte mithilfe von digitalen Spielen im Unterricht umsetzen kann.

Ich wünsche Ihnen und Ihren Schülerinnen und Schülern viel Spaß beim Ausprobieren!

Martin Staeckling

Themenkomplex 1: Spiele zu Rechtschreibung und Grammatik

Lerninhalte

Die Unterrichtsideen sind für die Klassen 5/6 gedacht. Es geht darum,

- Regeln für Rechtschreibung und Grammatik spielerisch zu vertiefen.
- Steigerungsformen von Adjektiven als Wettbewerb digital zu erstellen.
- die Verwendungen von „das" und „dass" unterscheiden zu können.
- Groß- und Kleinschreibung bei Nominalisierungen in einem digitalen Wettrennen korrekt zu verwenden.
- das Wissen über Wortarten mit einem Stadt-Land-Fluss-Spiel zu vertiefen.
- ein Quiz zur Grammatik von Zeitformen im Aktiv und Passiv zu spielen.

Unterrichtsideen

Titel	**Medien**
1.1 Adjektive-steigern-Spiel	• Tablet, Handys oder Notebooks • Beamer • WLAN • Digitale Pinnwand (z. B. Padlet, Trello, Taskcards)
1.2 Einen Lückentext mit „das" oder „dass" vervollständigen	• Handys oder Tablets • WLAN • Zuordnungs-Spiele App (z. B. Learning Apps, Hot Potatoes)
1.3 Ein „Pferderennturnier" zur Groß- und Kleinschreibung bei Nominalisierungen spielen	• Handys oder Tablets • WLAN • Pferdespiel-App (z. B. Learning Apps, Hot Potatoes)
1.4 Ein digitales Stadt-Land-Fluss zu Wortarten spielen	• Handys oder Tablets • WLAN • Stadt-Land-Spiele Creator (z. B. stadtlandfluss.cool, stadtlandfluss-spielen.de)
1.5 Ein Grammatikquiz zu den Zeitformen im Aktiv und Passiv spielen	• Handys oder Tablets • WLAN • Quiz-App (z. B. Kahoot, Learning Apps, Quizizz)

Unterrichtsidee 1.1: Adjektive-steigern-Spiel

Ziele/ Kompetenzen	Ein Quiz zu den Steigerungsformen von Adjektiven spielen. Die SuS • wissen was Adjektive sind. • kennen die Steigerungsformen von Adjektiven. • können Adjektive zügig steigern.
Digitale Medien	• Handys oder Tablets • WLAN • Digitale Pinnwand (Padlet, Trello, Taskcards)
Vorbereitung	Endgeräte müssen geladen sein. Es muss WLAN vorhanden sein. Es muss eine digitale Pinnwand mit max. 5 Feldern erstellt werden. Ähnlich wie auf einer analogen Pinnwand lassen sich bei den genannten Apps verschiedene Inhalte in jeweilige Ordnungen bringen. Hierfür müssen, wie in einem Textverarbeitungsprogramm, die jeweiligen Beispiele eingegeben oder über *Copy and Paste* eingefügt werden. Inhaltlich müssen die SuS mit Adjektiven sowie deren Steigerungsformen vertraut sein.
Material	• Beamer • Endgeräte (Tablets, Notebooks)
Klassenstufe	5./6. Klasse
Sozialform	GA, UG
Zeitbedarf	45 Minuten

Unterrichtsverlauf

Phase	Unterrichtsverlauf	Sozialform	Material/Tools
Einstieg	Die SuS werden darum gebeten, ein Adjektiv zu nennen. Anschließend sollen sie es steigern, indem sie die entsprechenden Steigerungsformen benennen.	UG	• Beamer • Computer
Erarbeitungsphase	Die Lerngruppe wird in maximal 5 Gruppen unterteilt. Die Aufgabe der Gruppen lautet, in einer bestimmten Zeit (20 bis 25 Minuten) möglichst viele Adjektive zu finden, diese zu steigern und auf die Pinnwand in ihre Gruppe zu stellen. Jede Gruppe hat dafür auf der Pinnwand einen eigenen Bereich, um ihre Lösungen hochladen zu können. Gewonnen hat die Gruppe, die die meisten richtigen Adjektive mit Steigerungen gefunden hat.	GA	• Handys oder Tablets • Arbeitsauftrag
Sicherung	Abschließend sollen die SuS in allen Ergebnissen nach Fehlern suchen, die dann im Unterrichtsgespräch gemeinsam korrigiert werden.	UG	• Computer • Beamer

Adjektive und ihre Steigerungsformen – Tabelle

Gruppe 1	Gruppe 2	Gruppe 3	Gruppe 4	Gruppe 5

Unterrichtsidee 1.2: Einen Lückentext mit „das“ oder „dass“ vervollständigen

Ziele/ Kompetenzen	Die SuS • aktivieren Vorwissen. • können „das“ als Relativpronomen oder Artikel von „dass“ als Konjunktion unterscheiden. • verbessern ihre Rechtschreibung.
Digitale Medien	• Handys oder Tablets • WLAN • Zuordnungs-Spiele App (z. B. Learning Apps, Hot Potatoes)
Vorbereitung	Es muss ein Text erstellt werden, in dem häufig „das“ als Relativpronomen und Artikel sowie „dass“ zu Beginn eines Nebensatzes verwendet werden. Hierbei kann es ein zusammenhängender Text sein, aber auch mehrere Einzelsätze eignen sich. Dieser Text wird in das jeweilige Tool übertragen, wobei die entsprechenden Stellen (das/dass) entfernt werden. Anschließend müssen die richtigen Lösungen in die entsprechende Maske eingegeben werden. Die App erstellt dann aus den eingegebenen Informationen ein Spiel, das den Lückentext enthält. Nach dem vollständigen Ausfüllen der Felder wird das Ergebnis überprüft. Falsche Eingaben werden den SuS als solche angezeigt.
Material	• Beamer • Endgeräte (Tablets oder Handys) • WLAN • Vorbereitete Beispiele • Lückentext
Klassenstufe	5./6. Klasse
Sozialform	PA, UG
Zeitbedarf	45 Minuten

Unterrichtsverlauf

Phase	Unterrichtsverlauf	Sozialform	Material/Tools
Einstieg	Die Lehrkraft zeigt der Klasse drei Beispiele mit „das“ und „dass“ zu Beginn eines Nebensatzes. Die SuS sollen die Fehler finden und begründen, warum die entsprechenden Sätze falsch sind.	UG	• Beamer • Computer/ Tablet
Erarbeitungsphase	Anschließend wird der Lückentext von den SuS in Partnerarbeit bearbeitet. Das Programm zeigt nach der vollständigen Eingabe an, welche Lücken noch fehlerhaft sind. Ziel ist es, möglichst beim ersten Versuch alle Sätze richtig zu ergänzen.	PA	• Handys oder Tablets • Arbeitsauftrag
Sicherung	In der Sicherungsphase sollen die SuS die Beispiele nennen, die sie am schwierigsten fanden. Die Lehrkraft bespricht mit der Lerngruppe im Plenum die Beispiele und erklärt diese noch einmal ausführlich.	UG	• Computer • Beamer

Drei Beispiele für den Unterrichtseinstieg:

Jan sagt seiner Mutter, **dass** die Sonne scheint.

In der Pause sieht Burcu ein Tier, **das** sich auf dem Schulhof verlaufen hat.

Manchmal hat man ein Problem, **dass** man nicht sofort lösen kann.

Beispiel für einen Lückentext:

Im Sommer fuhr Theo mit seinen Eltern in den Urlaub. Sie fuhren in einem Auto, _____ völlig beladen war. Seine Mutter bat seinen Vater, _____ er langsam fahren sollte. Als sie im Urlaubsort ankamen, waren sie beruhigt, _____ Hotel war wie beschrieben. Wenn Theo schwimmen ging, kam es ihm vor, _____ _____ Wasser sehr kalt sei. Seine Mutter sagte zu ihm: „_____ ist normal!" Er konnte sich nicht vorstellen, _____ es normal sei. Sie hatten schließlich Juli.
Am Abreisetag suchte Theo ein Handtuch, _____ er am Strand vergessen hatte. Seiner Mutter sagte er, _____ er es am Strand suchen würde. Als er am Strand war, fand er _____ Handtuch im Strandkorb. Er war froh, _____ er es gefunden hatte. Sie fuhren im Auto zurück, _____ genauso voll war wie auf der Hinfahrt. Theo sagte seinen Eltern, _____ er den Urlaub sehr schön gefunden hatte.

Lösung:

Im Sommer fuhr Theo mit seinen Eltern in den Urlaub. Sie fuhren in einem Auto, **das** völlig beladen war. Seine Mutter bat seinen Vater, **dass** er langsam fahren sollte. Als sie im Urlaubsort ankamen, waren sie beruhigt, **das** Hotel war wie beschrieben. Wenn Theo schwimmen ging, kam es ihm vor, **dass das** Wasser sehr kalt sei. Seine Mutter sagte zu ihm: „**Das** ist normal!" Er konnte sich nicht vorstellen, **dass** es normal sei. Sie hatten schließlich Juli.
Am Abreisetag suchte Theo ein Handtuch, **das** er am Strand vergessen hatte. Seiner Mutter sagte er, **dass** er es am Strand suchen würde. Als er am Strand war, fand er **das** Handtuch im Strandkorb. Er war froh, **dass** er es gefunden hatte. Sie fuhren im Auto zurück, **das** genauso voll war wie auf der Hinfahrt. Theo sagte seinen Eltern, **dass** er den Urlaub sehr schön gefunden hatte.

Unterrichtsidee 1.3: Ein „Pferderennturnier“ zur Groß- und Kleinschreibung bei Nominalisierungen spielen

Ziele/ Kompetenzen	Die SuS spielen mehrere Runden eines sogenannten Pferderennens zum Thema Nominalisierung, bei dem es um eine Art Multiple-Choice-Wettbewerb handelt. Die SuS können • die Regeln der Nominalisierung von Verben und Adjektiven anwenden. • ihre Fähigkeiten in diesem Bereich üben und vertiefen. • fehlerfrei die Groß- und Kleinschreibung bei Nominalisierungen anwenden.
Digitale Medien	• Tablets oder Handys • WLAN • Pferderennen-App (z. B. Learning Apps, Hot Potatoes)
Vorbereitung	Die SuS müssen auf die Pferderennen-Spiele zugreifen können. Ebenfalls muss eine stabile WLAN-Verbindung vorhanden sein. Die Lehrkraft überlegt sich im Vorfeld mehrere Beispiele für die Spiele. Hierbei müssen richtige und falsche Antworten in die App eingegeben werden, die dann als Multiple-Choice-Frage im Spiel angezeigt werden. Außerdem ist es sinnvoll, sich einen Turnierplan zu erstellen, nach dem der oder die Gewinner/in des Turniers ermittelt wird.
Material	• Beamer • Endgeräte (Tablets oder Handy) • WLAN
Klassenstufe	5./6. Klasse
Sozialform	Gruppenarbeit
Zeitbedarf	45 Minuten

Unterrichtsverlauf

Phase	Unterrichtsverlauf	Sozialform	Material/Tools
Einstieg	Zu Beginn der Unterrichtsstunde spielt die Lehrkraft gegen eine/n SuS ein Pferderennen. Hierbei handelt es sich um ein digitales Multiple-Choice-Quiz mit 7 Fragen, wobei der dargestellte Reiter pro richtig beantworteter Frage ein Feld weiterkommt. Es gewinnt die/der SUS, die/der das Ziel zuerst erreicht.	UG	• Beamer • Tablet oder Handy
Erarbeitungsphase	Anschließend werden nach einem genauen Ablaufplan Spiele in Gruppen veranstaltet, deren Größe sich an der Anzahl der Schülerinnen und Schüler orientiert. Wichtig ist im Vorfeld, genug Beispiele zur Verfügung zu haben, wobei in den Vorrunden dieselben Beispiele von unterschiedlichen Teams verwendet werden können. Die Beispiele lassen sich einfach in die App einfügen, die daraus das entsprechende Spiel erstellt. So lassen sich bei einer Klasse von 28 SuS 7 Vorrunden durchführen. Die SuS spielen selbstständig anhand des Turnierplans. Die jeweils Erst- und Zweitplatzierten treten anschließend im Viertelfinale an, woraufhin das Halbfinale und das Finale folgen.	PA	• Handys oder Tablets • Arbeitsauftrag

Phase	Unterrichtsverlauf	Sozialform	Material/Tools
Sicherung	Die SuS besprechen ihre Erfahrungen des Turniers im Plenum. Welche Regeln der Nominalisierung sind ihnen durch das Spielen noch einmal besonders deutlich geworden?	UG	• Computer • Beamer • Boxen

Beispiele Nominalisierung:

Acht mögliche Multiple-Choice-Fragen. Es muss jeweils der richtig geschriebene Satz ausgewählt werden.

1. a) Mir ist etwas Tolles passiert.
   b) Mir ist etwas tolles passiert.

2. a) Am allermeisten haben mir die Pferde gefallen.
   b) Am Allermeisten haben mir die Pferde gefallen.

3. a) Stefan will besser Deutsch lernen.
   b) Stefan will besser Deutsch Lernen.

4. a) Das allerheiligste ist das Kreuz Jesu.
   b) Das Allerheiligste ist das Kreuz Jesu.

5. a) Dir ist nicht etwas Dümmeres eingefallen?
   b) Dir ist nicht etwas dümmeres eingefallen?

6. a) Ich versuche es zu Ignorieren.
   b) ich versuche es zu ignorieren.

7. a) Es gibt nichts Wichtigeres als gutes Benehmen.
   b) Es gibt nichts wichtigeres als Gutes Benehmen.

8. a) Die älteren haben es immer geahnt.
   b) Die Älteren haben es immer geahnt.

Beispiel Turnierplan (28 SuS):

- Erste Runde: 8 Spiele mit jeweils 4 Teilnehmern (die ersten beiden kommen weiter)
- Viertelfinale: 2 Spiele mit jeweils 4 Teilnehmern (die ersten beiden kommen weiter)
- Halbfinale: 2 Spiele mit 2 Teilnehmern
- Finale: Ein Spiel mit 2 Teilnehmern

Unterrichtsidee 1.4: Ein digitales Stadt-Land-Fluss zu Wortarten spielen

Ziele/ Kompetenzen	Die SuS • aktivieren Vorwissen. • können verschiedene Wortarten unterscheiden. • können sich kreativ Wörter ausdenken, die zum Anfangsbuchstaben und zur Wortart passen.
Digitale Medien	• Handys oder Tablets • WLAN • Stadt-Land-Spiele Creator (z. B. stadtlandfluss.cool, stadtlandfluss-spielen.de)
Vorbereitung	Es muss auf allen Geräten das Stadt-Land-Fluss Spiel abrufbar sein. Das Spiel funktioniert wie sein analoges Pendant, nur dass digital einfacher kooperativ gearbeitet werden kann. Die App übernimmt Funktionen wie das Zählen der Punkte und die Einhaltung der Zeitvorgaben. Die Lehrkraft gibt als Kategorien die verschiedenen Wortarten an. Dieses Spiel muss mit den SuS geteilt werden. Inhaltlich müssen die SuS die verschiedenen Wortarten unterscheiden können und wissen, welche Worte zu welcher Wortart gehören.
Material	• Beamer • Endgeräte (Tablets oder Laptops) • WLAN • Vorbereitete Beispiele
Klassenstufe	5./6. Klasse
Sozialform	EA, UG
Zeitbedarf	45 Minuten

Unterrichtsverlauf

Phase	Unterrichtsverlauf	Sozialform	Material/Tools
Einstieg	Die Lehrkraft sammelt verschiedene Wortarten an der Tafel. Die SuS sollen mit Beispielen die Wortarten erklären.	UG	• Beamer • Computer/ Tablet
Erarbeitungsphase	Die Lehrkraft teilt nun das Spiel mit den SuS. Alle SuS spielen das Spiel zusammen. Es können 10 bis 15 Runden gespielt werden. Zu Beginn des Spiels wird ein Buchstabe durch das Programm vorgegeben. Die SuS erhalten eine bestimmte Zeitvorgabe, in der sie die Tabelle ausfüllen sollen. Das Programm vergibt Punkte. Gewonnen hat der Spieler / die Spielerin mit der höchsten Punktzahl.	PA	• Handys oder Tablets • Arbeitsauftrag
Sicherung	In der Sicherungsphase sollen die SuS sich darüber austauschen, mit welchen Wortarten sie noch besonders viele Probleme haben.	UG	• Computer • Beamer

Stadt-Land-Fluss-Spiel – Tabelle

Runde	Substantiv	Verb	Adjektiv	Adverb	Präposition
1					
2					
3					
4					
5					
6					
7					
8					
9					
10					

Autor: Martin Staeckling. Digital unterrichten. Apps & Co. für Spiele im Deutschunterricht gezielt einsetzen.

Unterrichtsidee 1.5: Ein Grammatikquiz zu den Zeitformen im Aktiv und Passiv spielen

Ziele/ Kompetenzen	Ein Quiz zu Aktiv und Passiv spielen. Die SuS • sichern ihr Vorwissen. • wenden ihr Grammatikwissen an. • verstehen die Unterschiede zwischen Aktiv und Passiv in verschiedenen Zeitformen.
Digitale Medien	• Handys oder Tablets • WLAN • Quiz-App (z. B.Kahoot, Learning Apps, Quizizz)
Vorbereitung	Mehrere Grammatikquizze müssen erstellt werden. Spielapps sind auf den Endgeräten zu installieren. Die Akkus müssen ausreichend geladen sein. Bei den Apps müssen die jeweiligen richtigen und falschen Antworten eingegeben werden, um das Multiple-Choice-Quiz zu erstellen. Es werden den Lernenden vier Antwortwortmöglichkeiten gezeigt, von denen nur eine richtig ist, ähnlich wie bei „Wer wird Millionär?".
Material	• Beamer • Endgeräte • Quizze • Arbeitsauftrag (Tafel, Whiteboard oder Aufgabenzettel)
Klassenstufe	5./6. Klasse
Sozialform	GA, UG
Zeitbedarf	45 Minuten

Unterrichtsverlauf

Phase	Unterrichtsverlauf	Sozialform	Material/Tools
Einstieg	Mit den SuS der gesamten Lerngruppe wird zuerst ein Grammatikquiz gespielt, das die Lehrkraft im Vorfeld vorbereitet hat. Dabei können alle SuS gleichzeitig teilnehmen. Am Ende werden die drei Gewinner/innen dieser ersten Runde bekannt gegeben. Inhaltliche Rückfragen der SuS zum Aktiv und Passiv in unterschiedlichen Zeitformen werden beantwortet.	UG	• Beamer • Computer
Erarbeitungsphase	Die Quiz-Apps fragen das Wissen mit Multiple-Choice ab. Die Lehrkraft startet ihre verschiedenen Quizze über ihr Tablet oder den PC, die anschließend über den Beamer auf eine Leinwand übertragen werden. Die SuS können jeweils zwischen vier verschiedenen Antwortmöglichkeiten wählen. Auch die Zeit wird berücksichtigt, wobei die/der schnellste SuS mit den meisten richtigen Antworten gewinnt. Danach können Fragen mit einer besonders hohen Fehlerhäufigkeit noch im Plenum besprochen werden.	GA UG	• Handys oder Tablets • Arbeitsauftrag
Sicherung	Je nach Anzahl der gespielten Quizze kann am Ende der Stunde ein Quiz nur für die Gewinner mit besonders schweren Fragen gespielt werden.	UG	• Computer • Beamer • Boxen

Beispielquiz mit acht Runden zum Thema Aktiv und Passiv in verschiedenen Zeitformen:

Frage	Antwort A	Antwort B	Antwort C	Antwort D
Welche Aussage ist falsch?	Das Aktiv ist die Normalform des Verbs.	Der Ausdruck des Passivs erfolgt in der Regel über eine Kombination von Verben und Hilfsverben.	Das Passiv ist die Normalform des Verbs.	Die handelnde Person in Aktivsätzen ist als Subjekt in einer hervorgehobenen Position.
Welcher Satz steht im Passiv Futur I?	Die Katze wird die Maus fressen.	Die Maus wird von der Katze gefressen werden.	Die Maus wurde von der Katze gefressen.	Die Maus wird von der Katze gefressen.
Welcher Satz steht im Plusquamperfekt Aktiv?	Die Maus war gefressen worden.	Die Katze fraß die Maus.	Die Katze hatte die Maus gefressen.	Die Maus ist gefressen worden.
Für welche Zeitform steht das Präteritum?	Erste Vergangenheit	Zukunft	Gegenwart	Zweite Vergangenheit
Welche Aussage ist richtig? Das Passiv …	benötigt das Partizip I des Vollverbs.	benötigt das Partizip II des Vollverbs.	benötigt kein Partizip.	benötigt das Partizip III.
Welche Aussage ist falsch? Das Aktiv …	kann in unterschiedlichen Zeitformen stehen.	kann im Perfekt stehen.	ist immer im Präsens.	kann im Futur I stehen.
Welcher Satz steht im Perfekt Passiv?	Die Maus ist gefressen worden.	Die Maus war gefressen worden.	Die Maus wird gefressen werden.	Die Maus wird gefressen.
Der Satz „Die Katze frisst die Maus" lautet im Passiv:	Die Maus wird von der Katze gefressen werden.	Die Katze frisst die Maus.	Die Katze fraß die Maus	Die Maus wird von der Katze gefressen.

Themenkomplex 2: Prozesse und Regeln zum Schreiben einer Inhaltsangabe spielerisch üben

Lerninhalte

Die Unterrichtsideen sind für die Klasse 7 gedacht. Es geht darum,

- formale Regeln der Inhaltsangabe spielerisch zu üben und zu vertiefen.
- ein Zuordnungsspiel zu Modi zu spielen.
- ein Spiel mit offenen Textantworten zur Umformung von direkter Rede in die indirekte Rede zu spielen.
- das Wissen über den Aufbau einer Inhaltsangabe anhand eines Lückentextspiels zu vertiefen.

Unterrichtsideen

Titel	Medien
2.1 Beispiele von Verbformen dem entsprechenden Modus (Indikativ, Konjunktiv 1, Konjunktiv 2) zuordnen	• Beamer • Tablets oder Handys • Zuordnungsapp (z. B. Learning Apps)
2.2 Ein Spiel mit offener Textantwort zur Umformung von direkter Rede in die indirekte Rede	• Beamer • Tablets oder Handys • Spiel mit Textantworten (z. B. Learning Apps, Hot Potatoes)
2.3 Ein digitales Lückentext-Spiel zum Aufbau einer Inhaltsangabe erstellen und spielen	• Tablets, PCs oder Handys • Beamer • Quiz-App (z. B. Kahoot, Quizizz, Socrative)
2.4 Eine Inhaltsangabe zu einem Computerspiel schreiben	• Tablets oder Laptops • Beamer • Computerspiel • Textverarbeitungsprogramm (z. B. Word, Open Office)

Unterrichtsidee 2.1: Beispiele von Verbformen dem entsprechenden Modus (Indikativ, Konjunktiv 1, Konjunktiv 2) zuordnen

Ziele/ Kompetenzen	Verben im Rahmen von Gruppenzuordnungen dem jeweiligen Modus zuweisen. Die SuS • aktivieren Vorwissen. • können die drei Modi unterscheiden. • können die Bedeutung der unterschiedlichen Modi unterscheiden. • sichern ihr Wissen über Modi.
Digitale Medien	• Handys oder Tablets • WLAN • Zuordnungsapp (z. B. Learning Apps)
Vorbereitung	In der App müssen drei Felder (Indikativ, Konjunktiv I und Konjunktiv II) erstellt werden. Entsprechende Verbformen werden eingegeben und dem entsprechenden Feld zugeordnet. Bei Gruppenzuordnungen von Learning Apps wird anschließend ein Spiel erstellt, in dem die jeweilige Verbform von den SuS zugeordnet werden muss. Außerdem sollten 2 bis 3 Beispiele für den Einstieg erstellt werden. Die SuS müssen mit der Bedienung der App vertraut sein.

Material	• Beamer • Endgeräte (Tablets oder Handys) • WLAN
Klassenstufe	7. Klasse
Sozialform	PA, UG
Zeitbedarf	45 Minuten

Unterrichtsverlauf

Phase	Unterrichtsverlauf	Sozialform	Material/Tools
Einstieg	Zu Beginn der Unterrichtsstunde können die unterschiedlichen Modi noch einmal wiederholt werden. Anschließend spielt die Lehrkraft mit der Lerngruppe 2 bis 3 Beispiele mit dem Tablet oder PC über den Beamer. Abschließend werden Verständnisfragen geklärt.	UG	• Beamer • Computer/ Tablet
Erarbeitungsphase	Die vorbereitete Zuteilungsaufgabe wird mit den SuS geteilt, so dass diese mit ihrem Endgerät auf die Aufgabe zugreifen können. Anschließend werden in Partnerarbeit die Beispiele den entsprechenden Modi zugeordnet. Abschließend wird geprüft, welche Zuordnungen richtig und falsch waren, wobei die Falschen angezeigt werden. Die SuS haben jetzt die Möglichkeit, eine Korrektur vorzunehmen.	PA	• Handys oder Tablets • Arbeitsauftrag
Sicherung	In der Sicherungsphase sollen die SuS die Beispiele nennen, die sie am schwierigsten fanden. Die Lehrkraft bespricht mit der Lerngruppe im Plenum die Beispiele und erklärt diese noch einmal ausführlich.	UG	• Computer • Beamer • Boxen

Beispiel für Zuordnungsfeld:

Indikativ	Konjunktiv I	Konjunktiv II

Diese Verbformen könnten zugeordnet werden:
er gäbe, ich sehe, du hättest, sie könne, es ließe, wir gehen usw.

Unterrichtsidee 2.2: Ein Spiel mit offener Textantwort zur Umformung von direkter Rede in die indirekte Rede

Ziele/ Kompetenzen	Verben im Rahmen von Gruppenzuordnungen dem jeweiligen Modus zuweisen. Die SuS • aktivieren Vorwissen. • können direkte Rede in indirekte Rede umformen. • können dabei den Konjunktiv anwenden.
Digitale Medien	• Handys oder Tablets • WLAN • Spiele App (z. B. Learning Apps, Hot Potatoes) mit freier Textantwort
Vorbereitung	Es muss ein Beispiel durch die Lehrkraft erstellt werden, das für den Einstieg gedacht ist. Außerdem müssen acht Beispiele von direkter Rede und die dazugehörigen Lösungen in der indirekten Rede eingegeben werden.
Material	• Beamer • Endgeräte (Tablets oder Handys) • WLAN
Klassenstufe	7. Klasse
Sozialform	PA, UG
Zeitbedarf	45 Minuten

Unterrichtsverlauf

Phase	Unterrichtsverlauf	Sozialform	Material/Tools
Einstieg	Zu Beginn zeigt die Lehrkraft der Klasse ein Beispiel von direkter Rede, das in die indirekte Rede umformuliert werden soll. Nachdem die SuS die Aufgabe gelöst haben, wird noch einmal wiederholt, welche Regeln bei der Umformung gelten (Konjunktiv usw.).	UG	• Beamer • Computer/ Tablet
Erarbeitungsphase	Das vorbereitete Freitextspiel wird mit den SuS geteilt. Diese müssen anschließend in Partnerarbeit acht Sätze der direkten Rede in den jeweiligen Freitextfeldern in die indirekte Rede umwandeln. Jede/r SuS spielt gegen die/ den Nachbarschülerin oder -schüler. Wer zuerst fertig ist, gewinnt. Sind alle Sätze eingegeben, kann mit dem Hakensymbol geprüft werden, ob die Eingaben richtig waren. Fehler werden angezeigt und müssen korrigiert werden. Das Spiel ist beendet, wenn alle Antworten richtig sind.	PA	• Handys oder Tablets • Freitextspiel
Sicherung	In der Sicherungsphase gibt die Lehrkraft zusammen mit den SuS alle richtigen Lösungen in das Spiel ein für die SuS, die nicht alle Lösungen richtig hatten.	UG	• Computer • Beamer

Direkte Rede / indirekte Rede – Beispiele:

Direkte Rede	Indirekte Rede
Sie sagt: „Ich habe Hunger."	Sie sagt, sie habe Hunger.
„Hier brennt es!", rief die Nachbarin.	Hier brenne es, rief die Nachbarin.
Er sagt: „Ich liebe Meerschweinchen und keine Katzen."	Er sagt, er liebe Meerschweinchen und keine Katzen.
Stefan schwor: „Ich weiß davon nichts."	Stefan schwor, er wisse davon nichts.
Die Lehrerin vermutete: „Er hat zu wenig gelernt."	Die Lehrerin vermutete, er habe zu wenig gelernt.
„Nach der Schule bin ich in den Wald gegangen", erzählt Marie.	Nach der Stunde sei sie in den Wald gegangen, erzählt Marie.
Markus meint: „Der Test ist gar nicht so schwer."	Markus meint, der Test sei gar nicht zu schwer.
„Die Bayern sind in dieser Saison wieder Meister", behauptet Vater.	Die Bayern seien in dieser Saison wieder Meister, behauptet Vater.

Unterrichtsidee 2.3: Ein digitales Lückentext-Spiel zum Aufbau einer Inhaltsangabe erstellen und spielen

Ziele/ Kompetenzen	Die SuS erstellen Texte zum Aufbau einer Inhaltsangabe und ein Lückentextspiel, um sich gegenseitig zu testen. Die SuS können • zentrale Eigenschaften einer Inhaltsangabe benennen. • den Aufbau einer Inhaltsangabe anhand ihrer Abschnitte erläutern. • Fachbegriffe zum Thema Inhaltsangabe ergänzen.
Digitale Medien	• Tablets, PCs oder Handys • WLAN • Lückentext-App (z. B. Learning Apps)
Vorbereitung	Die SuS müssen die Erstellungs-App für Lückentexte (z.B. Learning Apps) bedienen können. Hierzu müssen sie in der Lage sein, vollständige Sätze einzugeben und wichtige Fachbegriffe herauszunehmen, um diese anschließend als Lösungsbausteine einzugeben. Außerdem müssen ihnen die grundlegenden Merkmale des Aufbaus und der Struktur einer Inhaltsangabe bekannt sein, wobei sie auch über die entsprechenden Fachbegriffe verfügen müssen. Die Tablets oder Notebooks müssen geladen sein.
Material	• Beamer • Endgeräte (Tablets oder Notebooks) • WLAN • Arbeitsblatt
Klassenstufe	7. Klasse
Sozialform	Einzelarbeit, Partnerarbeit
Zeitbedarf	90 Minuten

Unterrichtsverlauf

Phase	Unterrichtsverlauf	Sozialform	Material/Tools
Einstieg	Zu Beginn der Unterrichtsstunde wird in einer Mindmap zusammengefasst, was den SuS zum Aufbau einer Inhaltsangabe bekannt ist,	UG	• Beamer • Computer/ Tablet
Erarbeitungsphase	Darauf basierend wird ihnen das Arbeitsblatt erklärt. Die SuS müssen mit der Bedienung der App zum Erstellen des Lückentextes vertraut sein. Außerdem muss die App auf allen Endgeräten verfügbar sein. In der ersten Arbeitsphase erstellen die SuS in Einzelarbeit jeweils einen Lückentext in der App zum Thema Inhaltsangabe. Im zweiten Schritt ergänzt man in Partnerarbeit den Text des jeweiligen Partners, wobei die App Fehler anzeigt. Der Schüler oder die Schülerin mit den wenigsten Fehlern hat gewonnen.	PA	• Tablets, PCs oder Handys • Arbeitsauftrag
Sicherung	Zur Wiederholung werden die Ergebnisse der Spiele bezüglich des Aufbaus der Inhaltsangabe im Plenum erneut zusammengetragen.	UG	• Computer • Beamer • Boxen

Aufbau einer Inhaltsangabe

Beispiel für Arbeitsaufträge:

Aufgabe 1:
Gib in Einzelarbeit in die App einen Text zum Thema „Aufbau einer Inhaltsangabe“ ein. Berücksichtige dabei alle drei Teile (Einleitung, Hauptteil, Schluss). Entferne anschließend mithilfe der App wichtige Worte und Fachbegriffe aus dem Text, damit ein Lückentext entsteht.

Aufgabe 2:
Schicke deiner Sitznachbarin oder deinem Sitznachbarn dein Spiel zu und spiele selbst das Spiel des/der anderen. Die Spielerin / der Spieler mit den wenigsten Fehlern hat gewonnen.

Beispiel eines Lückentextes:

1. Einleitung

Die aus maximal einem _____ bestehende Einleitung enthält Informationen zum Titel, _____, _____, Zeit und Entstehung. Sie fasst kurz die _____ zusammen und geht auf die Hauptfiguren ein. Hierbei wird der zentrale _____ des Textes genannt.

2. Hauptteil

Der Hauptteil wie die gesamte Inhaltsangabe steht im _____. Möglichst _____ wird die Reihenfolge der Handlung wiedergegeben. Von der Ich-Perspektive des Textes wechselt man in der Inhaltsangabe in die _____ und Perspektive. _____ Rede wird in der _____ Rede wiedergegeben, wenn sie für den Handlungsverlauf von zentraler Bedeutung ist.

3. Schluss

Die Inhaltsangabe endet mit dem letzten relevanten Punkt des Inhalts. Je nach Vorgaben kann der Schluss ein _____ beinhalten. In diesem Fall ist eine eigene _____ erwünscht, die du am Text nachvollziehbar begründen solltest. _____ schreiben darf man wertende Formulierungen wie „krass, gut, schlecht, uninteressant“.

Unterrichtsidee 2.4: Eine Inhaltsangabe zu einem Computerspiel schreiben

Ziele/ Kompetenzen	Die SuS • sichern ihr Vorwissen. • können den Inhalt eines Computerspiels formal wiedergeben. • können eine Inhaltsangabe verfassen. • können die Form der Inhaltsangabe auf ein Computerspiel übertragen.
Digitale Medien	• Laptop oder Tablets • WLAN • Computerspiel • Textverarbeitungsprogramm (z. B. Word, Open Office)
Vorbereitung	Das entsprechende Tool muss auf allen Geräten geöffnet sein. Die SuS müssen die Bedienung des Tools beherrschen können. Die Akkus müssen ausreichend geladen sein. Inhaltlich müssen die SuS den Aufbau einer Inhaltsangabe kennen. Das Spiel muss auf den Geräten verfügbar sein. Es muss aus dem Spiel ein Screenshot erstellt werden.
Material	• Endgeräte • Spiel
Klassenstufe	7. Klasse
Sozialform	EA
Zeitbedarf	45 Minuten

Unterrichtsverlauf

Phase	Unterrichtsverlauf	Sozialform	Material/Tools
Einstieg	Den SuS wird ein charakteristischer Screenshot aus dem behandelten Computerspiel gezeigt. Die SuS sollen überlegen, was das Spiel mit dem Thema Inhaltsangabe zu tun hat.	UG	• Beamer • Computer
Erarbeitungsphase	Die SuS spielen zuerst das Spiel. Parallel machen sie sich Notizen zu dem Aufbau und dem Verlauf des Spiels. Namen der Entwickler und das Erscheinungsjahr werden ihnen vorgegeben. Danach schreiben sie ein Inhaltsangabe-Spiel, das den Aufbau einer klassischen Inhaltsangabe hat. Dazu verwenden sie ein Textverarbeitungsprogramm.	EA	• Tablets oder Laptops • Computerspiel • Textverarbeitungsprogramm
Sicherung	Am Ende der Stunde sollen die SuS überlegen, wie man den Inhalt des Spiels als Geschichte wiedergeben könnte. Worin besteht der Unterschied zwischen einem Spiel und einem Text?	UG	

Inhaltsangabe zum Computerspiel ______________________

Aufgabe 1:
Spiele das Spiel bis zum Ende. Mache dir parallel Notizen zum Aufbau des Spiels. Nutze dazu die folgende Tabelle.

Verlauf des Spiels	Inhalte, Handlung, Aufgaben
Beginn	
Hauptteil	
Ende des Spiels (letztes Level, letzte Aufgabe)	

Aufgabe 2:
Erstelle mithilfe deiner Notizen eine Inhaltsangabe zum Spiel. Verwende hierzu ein Textverarbeitungsprogramm.

Autor: Martin Staeckling. Digital unterrichten. Apps & Co. für Spiele im Deutschunterricht gezielt einsetzen.

Themenkomplex 3: Lyrik spielend verstehen

Lerninhalte

Die Unterrichtsideen zum Thema Lyrik sind für die Klassen 7 bis 9 gedacht. Es geht darum,

- verschiedene Formen des Metrums in einem Spiel zuordnen zu können.
- Gedichte mit einer KI zu erzeugen und durch den Vergleich mit dem Originalgedicht dieses besser zu verstehen.
- eine App zum Auswendiglernen von Gedichten zu nutzen.

Unterrichtsideen

Titel	Medien
3.1 Ein Metrum spielerisch zuordnen	• Endgeräte (Tablets oder Laptops) • Zuordnungsapp (z. B. Learning Apps, Hot Potatoes) • Erstelltes Spiel • Arbeitsauftrag (Aufgabenzettel)
3.2 Originalgedichte mit Gedichten von KI vergleichen und anhand von Epochenmerkmalen unterscheiden	• Laptops oder Tablets • WLAN • Gedichtegenerator (z. B. Poetron, Reimemaschine, Chat GPT, Poetry.de)
3.3 Ein Spiel zum Gedichte-Auswendiglernen spielen	• Handys oder Tablets • WLAN • Lückentextapp (z. B. Learning Apps, Hot Potatoes)

Unterrichtsidee 3.1: Ein Metrum spielerisch zuordnen

Ziele/ Kompetenzen	Die SuS • vertiefen ihr Wissen zum Thema Metrum. • können Worte dem entsprechenden Metrum zuordnen. • werden sicherer im Umgang mit dem Versmaß.
Digitale Medien	• Laptops oder Tablets • WLAN • Zuordnungstool (z. B. Learning Apps, Hot Potatoes)
Vorbereitung	Das entsprechende Tool muss auf allen Geräten geöffnet sein. Die SuS müssen die Bedienung des Tools beherrschen können. Die Akkus müssen ausreichend geladen sein. Den SuS müssen die Unterschiede der verschiedenen Versmaße geläufig sein.
Material	• Endgeräte (Tablets oder Notebooks) • Zuordnungsapp • Erstelltes Spiel • Arbeitsauftrag (Aufgabenzettel)
Klassenstufe	8. Klasse
Sozialform	PA
Zeitbedarf	45 Minuten

Unterrichtsverlauf

Phase	Unterrichtsverlauf	Sozialform	Material/Tools
Einstieg	Die Lehrkraft zeigt vier verschiedene Worte, die die SuS dem entsprechenden Versmaß zuordnen sollen.	UG	• Beamer • Computer
Erarbeitungsphase	Die Lerngruppe bekommt Zugriff auf das Zuordnungsspiel. Die SuS sollen gemeinsam mit ihrer Nachbarin / ihrem Nachbarn alle Worte zuordnen. Abschließend wird die Lösung vom Programm auf Richtigkeit hin überprüft. Fehlerhafte Zuordnungen müssen korrigiert werden. Bei komplett richtiger Lösung ist das Spiel geschafft.	EA PA	• Tablets oder Laptops • Arbeitsauftrag • Zuordnungstool
Sicherung	Am Ende der Stunde werden Beispiele gesammelt, die den SuS besondere Probleme bereitet haben. Diese werden im Plenum besprochen und ggf. von der Lehrkraft genauer erläutert.	UG	

Versmaße erkennen

Aufgabe 1:
Ordne die Worte zusammen mit deinem Partner dem entsprechenden Versmaß zu:

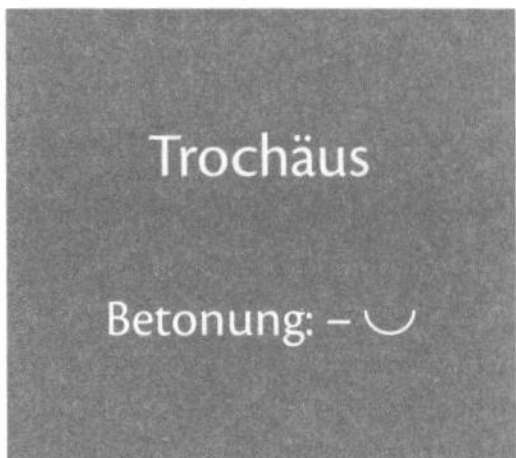

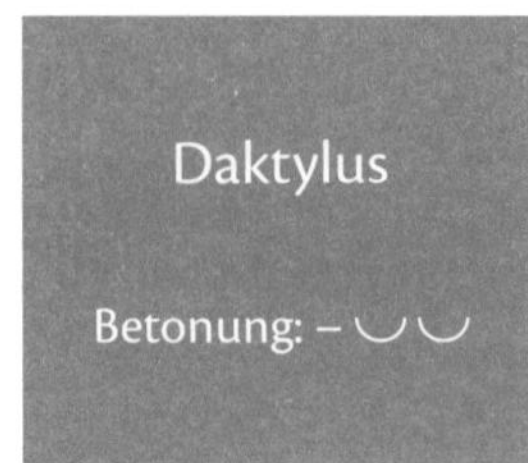

Folgende Wörter sollen zugeordnet werden:

genau, mächtiger, Verstand, verrückt, Zauberei, Harfe, Harmonie, Sinfonie, himmelwärts, grausame, Autofahrt, Vernunft, Direktion, Fantasie, Frühling, Wolke, Winter

Jambus	**Trochäus**	**Daktylus**	**Anapäst**
Freude	*Welten*	*Leidenschaft*	*Himmelszelt*

Unterrichtsidee 3.2: Originalgedichte mit Gedichten von KI vergleichen und anhand von Epochenmerkmalen unterscheiden

Ziele/ Kompetenzen	Die SuS • können Gedichte anhand von Epochenmerkmalen unterscheiden. • vertiefen ihr Wissen zu Epochenmerkmalen. • können Gedichte mit einer KI erstellen. • können Gedichte von Autoren und von KI unterscheiden. • können Schlüsselwörter eines Gedichtes bestimmen.
Digitale Medien	• Laptop oder Tablets • WLAN • Gedichtegenerator (z. B. Chat GPT, Poetron, Reimemaschine, Poetry.de)
Vorbereitung	Das entsprechende Tool muss auf allen Geräten geöffnet sein. Die SuS müssen die Bedienung des Tools beherrschen können. In den Tools müssen konkrete Vorgaben für das Gedicht eingegeben werden, auf deren Basis das Programm ein eigenes Gedicht erstellen kann. Die Akkus müssen ausreichend geladen sein. Die Originalgedichte müssen von der Lehrkraft ausgewählt und digital mit den SuS geteilt werden.
Material	• Endgeräte • Gedichtegenerator • Originalgedichte • Arbeitsauftrag (Aufgabenzettel)
Klassenstufe	9. Klasse
Sozialform	EA, PA
Zeitbedarf	90 Minuten

Unterrichtsverlauf

Phase	Unterrichtsverlauf	Sozialform	Material/Tools
Einstieg	Die Lerngruppe soll den Namen einer Person, ein Substantiv, ein Verb und ein Adjektiv festlegen. Die Lehrkraft gibt diese Informationen in den Gedichtegenerator ein. Die SuS sollen das Gedicht vorlesen. Dabei werden erste Eindrücke gesammelt.	UG	• Beamer • Computer
Erarbeitungsphase	Das Arbeitsblatt wird an die SuS verteilt und anschließend der Arbeitsauftrag erläutert. Die SUS sollen zuerst in Einzelarbeit zu dem vorliegenden Gedicht eine Version durch eine künstliche Intelligenz erstellen lassen. Dazu gehen sie das Gedicht strophenweise durch und sammeln pro Strophe Schlüsselwörter in Form einer Person, eines Substantivs, eines Verbs und eines Adjektivs. Anschließend geben sie zu jeder Strophe einzeln die betreffenden Wörter in den Generator ein, der zu der jeweiligen Strophe eine eigene Version dichtet. Die Zusammenstellung aller neuen Strophen wird in einem Textdokument zusammengefügt.	EA PA	• Tablets oder Laptops • Arbeitsauftrag

Phase	Unterrichtsverlauf	Sozialform	Material/Tools
Fortsetzung	Anschließend werden beide Gedichte mit der Nachbarin / dem Nachbarn getauscht, die/der ebenfalls aus einem anderen Gedicht eine KI-Version erstellt hat. Wichtig ist hierbei, dass beide Versionen gleich aussehen und keine weiteren Informationen enthalten. Im Folgenden sollen die SuS entscheiden, welches Gedicht das Original ist und ihre Entscheidung in einem Fließtext anhand von Stilmerkmalen der jeweiligen Epoche begründen. Gewonnen hat die/der SuS, die/der das richtige Gedicht erkennt.		
Sicherung	Es werden einige Schülerbeispiele von KI-Gedichten im Plenum gezeigt. Die SuS sollen die Frage diskutieren, worin der Unterschied zwischen dem Gedicht eines menschlichen Autors und einer KI liegen könnte.	UG	• Computer • Beamer

Beispiel:

Heinrich Heine:
Unterm weißen Baum sitzend

Unterm weißen Baume sitzend,
Hörst du fern die Winde schrillen,
Siehst, wie oben stumme Wolken
Sich in Nebeldecken hüllen;

Siehst, wie unten ausgestorben
Wald und Flur, wie kahl geschoren;
Um dich Winter, in dir Winter,
Und dein Herz ist eingefroren.

Plötzlich fallen auf dich nieder
Weiße Flocken, und verdrossen
Meinst du schon, mit Schneegestöber
Hab der Baum dich übergossen.

Doch es ist kein Schneegestöber,
Merkst es bald mit freudgem Schrecken;
Duftge Frühlingsblüten sind es,
Die dich necken und bedecken.

Welch ein schauersüßer Zauber!
Winter wandelt sich in Maie,
Schnee verwandelt sich in Blüten,
Und dein Herz es liebt aufs neue.

„Unterm weißen Baum sitzend“
erzeugt von Chat GPT

Unter der klaren Nacht sternerfüllt,
Sitze ich still am dunklen Waldesrand.
Die Ruhe der Welt, sie mich umhüllt,
Der Frieden im Herzen, fest wie ein Band.

Der Mond hoch oben am Himmelszelt,
Wirft sanfte Strahlen auf meinen Pfad.
Die Nacht singt leise, Geschichten erhellt,
In diesem Augenblick werd' ich nicht matt.

Die Bäume rauschen im leisen Wind,
Flüstern Geheimnisse in mein Ohr.
Wonach die Seele sucht, sie find,
In diesem Wald, fernab vom Lebenschor.

Die Zeit verweilt in diesem Augenblick,
Keine Eile, keine Hast, nur Ruh'.
Die Welt um mich scheint fast entrückt,
Unter dem Sternenzelt, ich find' dazu.

So sitz' ich hier, im Einklang mit mir,
Die Stille umhüllt mich wie ein Kleid.
Der Wald, die Nacht, sie sprechen zu mir,
Und ich vergess' die Zeit für alle Zeit.

Gedichte generieren und erkennen

Aufgabe 1:
Erstelle in Einzelarbeit eine neue Version deines Gedichtes mit einer KI. Sammele hierfür für jede Strophe des Gedichtes Schlüsselwörter und trage diese in die Tabelle ein. Anschließend lässt du den *Gedichtegenerator* zu jeder Strophe eine eigene Version erstellen.
Füge alle neuen Strophen in einem Textdokument zu einem neuen Gedicht zusammen. Formatiere es so, dass es sich äußerlich nicht von dem Originalgedicht unterscheiden lässt. Korrigiere hierbei sprachliche und grammatikalische Fehler der KI.

Strophe	Person	Substantiv	Verb	Adjektiv
Strophe 1				
Strophe 2				
Strophe 3				
Strophe 4				
Strophe 5				

Aufgabe 2:
Schicke deiner Sitznachbarin / deinem Sitznachbarn dein Gedicht zu. Lies dir die Gedichte deiner Nachbarin / deines Nachbarn durch. Unterscheide anhand von Stilmerkmalen, weshalb es sich bei einem Gedicht um das Original und bei dem anderen um die KI-Version handeln muss. Belege deine These mit Zitaten.

Unterrichtsidee 3.3: Ein Spiel zum Gedichte-Auswendiglernen spielen

Ziele/ Kompetenzen	Die SuS können einen Gedichttext spielerisch mithilfe eines Lückentextes auswendig lernen. Die SuS • können Gedichttexte auswendig vortragen. • können Gedichtinhalte und formale Strukturen wiedergeben.
Digitale Medien	• Handys oder Tablets • WLAN • Spiele-App (z. B. Learning Apps, Hot Potatoes) mit einem Lückentext
Vorbereitung	Das Gedicht muss als Lückentext in verschiedenen Versionen erstellt werden. Hierbei werden einzelnen Verse ausgelassen, die die SuS aus dem Gedächtnis heraus ergänzen müssen. Endgeräte müssen geladen sein. Das jeweilige Tool muss über die Geräte verfügbar sein.
Material	• Beamer • Endgeräte (Tablets oder Handys) • WLAN
Klassenstufe	7. Klasse
Sozialform	EA, UG
Zeitbedarf	90 Minuten

Unterrichtsverlauf

Phase	Unterrichtsverlauf	Sozialform	Material/Tools
Einstieg	Zu Beginn zeigt die Lehrkraft der Klasse ein Beispiel eines anderen Gedichtes, bei dem aus einer Strophe mehrere Verse (2 bis 3) entfernt wurden. Die SuS sehen zuerst das Gedicht vollständig, anschließend das mit den Lücken, die im Unterrichtsgespräch gefüllt werden.	UG	• Beamer • Computer/ Tablet
Erarbeitungs-phase	Die SuS erhalten den Link zu den jeweiligen Lückentexten. Zu Beginn können einzelne Verse und Wörter fehlen. Anschließend werden die Lückentexte von Level zu Level schwieriger, da immer mehr Verse und ganze Strophen fehlen. Im letzten Level müssen die SuS das gesamte Gedicht auswendig in die App eingeben. Gewonnen hat die Schülerin oder der Schüler, die/der vor der Klasse das Gedicht auswendig aufsagen oder das Gedicht in den Lehrercomputer eintragen kann. Es können mehrere SuS gewinnen.	PA	• Handys oder Tablets • Lückentextspiel
Sicherung	In der Sicherungsphase wird als Vertiefung festgehalten, was die SuS sich inhaltlich von dem Gedicht gemerkt haben. So könnte die Vertiefung mit der Frage „Worum geht es in dem Gedicht" eingeleitet werden.	UG	• Computer • Beamer

Auswendig lernen

Aufgabe 1:
Lerne mithilfe der Lückentexte das folgende Gedicht auswendig. Hast du alle Level geschafft, versuche das Gedicht auswendig aufzusagen.
Wer es zuerst vor der Klasse fehlerfrei schafft, hat das Spiel gewonnen.

Gedicht:

Heinrich Heine: Unterm weißen Baum sitzend

Unterm weißen Baume sitzend,
Hörst du fern die Winde schrillen,
Siehst, wie oben stumme Wolken
Sich in Nebeldecken hüllen;

Siehst, wie unten ausgestorben
Wald und Flur, wie kahl geschoren;
Um dich Winter, in dir Winter,
Und dein Herz ist eingefroren.

Plötzlich fallen auf dich nieder
Weiße Flocken, und verdrossen
Meinst du schon, mit Schneegestöber
Hab der Baum dich übergossen.

Doch es ist kein Schneegestöber,
Merkst es bald mit freudgem Schrecken;
Duftge Frühlingsblüten sind es,
Die dich necken und bedecken.

Welch ein schauersüßer Zauber!
Winter wandelt sich in Maie,
Schnee verwandelt sich in Blüten,
Und dein Herz es liebt aufs neue.

Mögliche Auslassungen zum Lernen:

Level 1

Heinrich Heine:
Unterm weißen Baum sitzend

Unterm weißen Baume ....,
Hörst du fern die Winde schrillen,
Siehst wie ....
Sich in Nebeldecken hüllen.

Siehst, ...
Wald und Flur, wie kahl geschoren;
Um dich Winter, in dir ......,
Und dein Herz ist eingefroren.

Plötzlich ....
Weiße Flocken, und verdrossen
Meinst.....................................
Hab der Baum dich übergossen.

Doch es ist kein ....,
Merkst es bald mit freudgem Schrecken;
Duftige .... sind es,
Die dich necken und bedecken.

Welch ein schauersüßer ....!
Winter wandelt sich in ......,
Schnee verwandelt sich in ....,
Und dein Herz es liebt aufs ....

Level 2

Heinrich Heine:
Unterm weißen Baum sitzend

....
Hörst du fern die Winde schrillen,
....
Sich in Nebeldecken hüllen;

Siehst, wie unten ausgestorben
....
Um dich Winter, in dir Winter,
....

Plötzlich fallen auf dich nieder
....
Meinst du schon, mit Schneegestöber
....

Doch es ist kein Schneegestöber,
....
Duftge Frühlingsblüten sind es,
....

Welch ein schauersüßer Zauber!
....
Schnee verwandelt sich in Blüten,
....

Themenkomplex 4: Bewerbungen (Klasse 9/10)

Lerninhalte

Die Unterrichtsideen zum Thema Bewerbungen sind für die 9./10. Klasse aufbereitet. Es geht darum,

- die Bestandteile eines Lebenslaufs zu unterscheiden und benennen zu können.
- die Elemente eines Bewerbungsschreibens spielerisch richtig anzuordnen.
- Floskeln in Bewerbungsschreiben zu erkennen und ihnen Alternativen zuordnen zu können.
- formale und inhaltliche Aspekte von Bewerbungen in einem Quiz abzufragen.
- Bewerbungsgespräche mithilfe eines digitalen Rollenspiels üben.

Unterrichtsideen

Titel	Medien
4.1 Bestandteile eines Lebenslaufs benennen	• Tablets oder Laptops • WLAN • Benennungs-Zuordnungs-App (z. B. Learning Apps)
4.2 Elemente eines Bewerbungsschreibens in die richtige Reihenfolge bringen	• Tablets oder Laptops • WLAN • Reihenfolgen-App (z. B. Learning Apps, Hot Potatoes)
4.3 Floskeln im Bewerbungsschreiben erkennen und richtige Alternativen zuordnen	• Tablets oder Laptops • WLAN • Zuordnungs-App (z. B. Learning Apps, Hot Potatoes)
4.4 Ein Millionenspiel zum Thema Bewerbungen spielen	• Tablets oder Handys • WLAN • Quiz-App (z. B. Learning Apps, Kahoot, Quizizz)
4.5 Mithilfe eines digitalen Rollenspiels Bewerbungen durchführen	• Tablets oder Handys • Beamer • Kollaboratives Schreibtool (z. B. Google Docs, Apple Pages, Etherpads)

Unterrichtsidee 4.1: Bestandteile eines Lebenslaufs benennen

Ziele/ Kompetenzen	Die SuS • sichern ihr Vorwissen. • können Bestandteile eines Lebenslaufs benennen. • können auf einem Lebenslauf Abschnitte nach Reihenfolge erkennen. • können die Reihenfolge ihres eigenen Lebenslaufs überprüfen.
Digitale Medien	• Laptops oder Tablets • WLAN • Benennungs-Zuordnungs-App (z. B. Learning Apps)
Vorbereitung	Die entsprechende App muss auf allen Geräten geöffnet sein. Die SuS müssen die Bedienung der App beherrschen können. Die Akkus müssen ausreichend geladen sein. Inhaltlich müssen die SuS den Aufbau eines Lebenslaufes kennen. Die Bestandteile müssen in die App eingegeben werden.

Material	• Endgeräte • Zuordnung-auf-Bild-Spiel • Beispiel von einem Lebenslauf
Klassenstufe	9./10. Klasse
Sozialform	EA
Zeitbedarf	45 Minuten

Unterrichtsverlauf

Phase	Unterrichtsverlauf	Sozialform	Material/Tools
Einstieg	Den SuS wird ein Beispiel von einem Lebenslauf über den Beamer gezeigt. Sie sollen nun die einzelnen Teile des Schreibens benennen.	UG	• Beamer • Computer
Erarbeitungs-phase	Die SuS spielen in Einzelarbeit das Zuordnungsspiel. Hierbei wird ihnen ein schematischer Lebenslauf gezeigt, in dem verschiedene Punkte markiert sind. Die SuS sollen nun den einzelnen Punkten Namen zuordnen, die sie aus einem Pool auswählen können. Abschließend kann man durch eine Taste die Lösung überprüfen lassen. Fehler werden angezeigt und müssen korrigiert werden. Das Spiel ist geschafft, wenn alle Zuordnungen richtig getroffen worden sind.	EA PA	• Tablets oder Laptops • Arbeitsauftrag
Sicherung	Zum Schluss wird den SuS ein „falscher“ Lebenslauf gezeigt. Sie müssen mündlich die Reihenfolge korrigieren.	UG	• Computer • Beamer

Beispiel:

Mögliche Bestandteile eines Lebenslaufs in zufälliger Reihenfolge:

Foto

Hobbys

Kenntnisse

Kopfzeile

Ort, Datum, handschriftliche Unterschrift

Persönliche Daten

Praxiserfahrung

Schulbildung

Unterrichtsidee 4.2: Elemente eines Bewerbungsschreibens in die richtige Reihenfolge bringen

Ziele/ Kompetenzen	Die SuS • sichern ihr Vorwissen. • können Bestandteile eines Bewerbungsschreibens benennen. • können Bestandteile eines Bewerbungsschreibens in die richtige Reihenfolge bringen. • wiederholen den Aufbau eines Bewerbungsschreibens.
Digitale Medien	• Laptops oder Tablets • WLAN • Reihenfolgen-App (z. B. Learning Apps)
Vorbereitung	Das entsprechende Tool muss auf allen Geräten geöffnet sein. Die SuS müssen die Bedienung des Tools beherrschen können. Die Akkus müssen ausreichend geladen sein. Inhaltlich müssen die SuS den Aufbau eines Bewerbungsschreibens kennen. Die Bestandteile müssen in die App in der richtigen Reihenfolge eingegeben werden. Die App ändert anschließend zufällig die vorhandene Reihenfolge.
Material	• Endgeräte • Anordnungsspiel • Beispielbewerbung
Klassenstufe	9./10. Klasse
Sozialform	PA
Zeitbedarf	45 Minuten

Unterrichtsverlauf

Phase	Unterrichtsverlauf	Sozialform	Material/Tools
Einstieg	Den SuS wird eine Beispielbewerbung über den Beamer gezeigt. Sie sollen nun die einzelnen Teile des Schreibens benennen.	UG	• Beamer • Computer
Erarbeitungsphase	Die SuS spielen in Partnerarbeit das Anordnungsspiel. Hierbei werden die Bestandteile in einer falschen Reihenfolge angezeigt. Durch das Verschieben der Karten sollen die SuS die richtige Reihenfolge herstellen. Abschließend können sie das Ergebnis überprüfen lassen. Fehler werden angezeigt und müssen korrigiert werden. Erst wenn alle Bestandteile in die richtige Reihenfolge gebracht wurden, ist das Spiel gelöst.	EA PA	• Tablets oder Laptops • Arbeitsauftrag
Sicherung	Am Ende der Stunde wird das Spiel zur Übung noch einmal mit der gesamten Klasse gespielt.	UG	• Computer • Beamer

Beispiel – Elemente eines Bewerbungsschreibens:

Karten in der richtigen Reihenfolge (von links nach rechts)

Unterrichtsidee 4.3: Floskeln im Bewerbungsschreiben erkennen und richtige Alternativen zuordnen

Ziele/ Kompetenzen	Die SuS • sichern ihr Vorwissen. • können Floskeln im Bewerbungsschreiben erkennen. • können Floskeln richtige Beispiele zuordnen. • können Floskeln in eigenen Bewerbungsschreiben eliminieren.
Digitale Medien	• Laptops oder Tablets • WLAN • Zuordnungstool (z. B. Learning Apps, Hot Potatoes)
Vorbereitung	Das entsprechende Tool muss auf allen Geräten geöffnet sein. Die SuS müssen die Bedienung des Tools beherrschen können. Die Akkus müssen ausreichend geladen sein. Inhaltlich müssen die SuS den Aufbau eines Bewerbungsschreibens kennen. Sie müssen häufig verwendete Phrasen kennen und diese als solche identifizieren können.
Material	• Endgeräte • Zuordnungsspiel • Beispielbewerbung
Klassenstufe	9./10. Klasse
Sozialform	PA
Zeitbedarf	45 Minuten

Unterrichtsverlauf

Phase	Unterrichtsverlauf	Sozialform	Material/Tools
Einstieg	Den SuS wird eine Beispielsfloskel aus einem Bewerbungsschreiben gezeigt (z. B. Ich bin sehr teamfähig). Die SuS sollen eine konkrete Alternative entwickeln.	UG	• Beamer • Computer
Erarbeitungsphase	Die SuS spielen in Partnerarbeit das Zuordnungsspiel. Das Spiel enthält zwei Felder: „Floskel“ und „Konkrete Alternative“. Die genannten Beispiele müssen dem entsprechenden Feld zugeordnet werden. Die SuS spielen gegen ihre/n Partner/in. Wer zuerst fertig wird, gewinnt.	EA PA	• Tablets oder Laptops • Zuordnungsspiel
Sicherung	Am Ende der Stunde werden allgemeine Tipps formuliert, wie man Floskeln im Bewerbungsschreiben vermeiden kann.	UG	• Computer • Beamer

Beispiele mit richtiger Zuordnung:

Floskeln	Konkrete Alternativen
Sehr geehrte Damen und Herren, …	Sehr geehrter Herr Mayer, …
Ich bin sehr motiviert …	Ich kann mich für … begeistern, da ich mich auch in meiner Freizeit mit … beschäftige. Ich bin in einem … Verein.
Hiermit bewerbe ich mich bei Ihnen auf die ausgeschriebene Stelle …	Mein Vater hat mich auf Ihre Anzeige in der Zeitung aufmerksam gemacht, weshalb ich mich entschlossen habe, mich bei Ihnen zu bewerben.
Ich bin sehr belastbar …	Meinem Lehrer in der Schule ist aufgefallen, dass ich viele Aufgaben erledigen kann, ohne die Geduld zu verlieren.
Ich suche eine neue Herausforderung …	Da mich die Aufgaben in meinem jetzigen Job nicht mehr fordern, möchte ich mich im Bereich … bei Ihnen weiterentwickeln.

Unterrichtsidee 4.4: Ein Millionenspiel zum Thema Bewerbungen spielen

Ziele/ Kompetenzen	Ein Quiz zu Bewerbungen spielen. Die SuS • sichern ihr Vorwissen. • können zentrale Fragen zu Bewerbungen erstellen. • können zentrale Fragen zum Thema Bewerbungen beantworten. • können ihr Wissen zum Thema Bewerbungen vertiefen.
Digitale Medien	• Handys oder Tablets • WLAN • Quiz-App (das Millionenspiel von Learning Apps, Kahoot, Quizizz)
Vorbereitung	Spielapps oder Tools sind auf den Endgeräten zu installieren. Die Akkus müssen ausreichend geladen sein. Es müssen pro Spiel 16 Fragen mit 4 Antwortmöglichkeiten erstellt werden, wobei eine richtig und die anderen drei nicht zutreffend sein müssen.
Material	• Beamer • Endgeräte • Quizze • Arbeitsauftrag (Tafel, Whiteboard oder Aufgabenzettel)
Klassenstufe	9./10. Klasse
Sozialform	GA, UG
Zeitbedarf	45 Minuten

Unterrichtsverlauf

Phase	Unterrichtsverlauf	Sozialform	Material/Tools
Einstieg	Mit den SuS der gesamten Lerngruppe wird zuerst ein Bewerbungsquiz gespielt, das die Lehrkraft im Vorfeld vorbereitet hat. Dabei können alle SuS gleichzeitig teilnehmen. Die Lehrkraft stellt die Frage, ob die Klasse es schafft, die Million zu gewinnen und fordert sie so heraus.	UG	• Beamer • Computer
Erarbeitungsphase	Anschließend wird die Klasse in 4 Gruppen aufgeteilt. Jede Gruppe soll mithilfe der App 8 Fragen zum Thema Bewerbungen erstellen, wobei sich die Fragen in ihrer Schwierigkeit steigern sollen. Es handelt sich um ein Multiple-Choice-Quiz mit 4 Antwortmöglichkeiten. Jeder Frage wird eine Gewinnstufe zugeordnet. Haben alle Gruppen ihre Spiele erstellt, beginnt das Gruppenspiel. Zuerst spielt Gruppe 1 das Spiel der Gruppe 2, dann 2 von 1, 3 von 4 und 4 von 3. Dabei dürfen die Gruppen untereinander beraten, für welche Lösung sie sich entscheiden. Die Gruppe mit der höchsten Gewinnsumme gewinnt das Spiel. Haben mehrere Gruppen die gleiche Summe erzielt, wird eine Schätzfrage gestellt.	GA	• Handys oder Tablets • Arbeitsauftrag
Sicherung	Die SuS sollen sich erinnern, welche Fragen ihnen in Erinnerung geblieben sind und was sie Neues durch das Quiz gelernt haben.	UG	• Computer • Beamer • Boxen

Tabellenvorlage für das Millionenspiel:

Gewinnstufe	Frage	Antwort A	Antwort B	Antwort C	Antwort D
500 €					
1 000 €					
16 000 €					
32 000 €					
64 000 €					
125 000 €					
500 000 €					
1 000 000 €					

Unterrichtsidee 4.5: Mithilfe eines digitalen Rollenspiels Bewerbungen durchführen

Ziele/ Kompetenzen	Ein Rollenspiel zu Bewerbungen spielen. Die SuS • können in schriftlicher Form den Dialog eines Bewerbungsgesprächs formulieren. • können die Rolle eines Bewerbenden üben. • können wichtige Regeln des Verhaltens bei einem Bewerbungsgespräch anwenden.
Digitale Medien	• Handys oder Tablets • WLAN • Kollaboratives Schreibtool (Google Docs, Apple Pages, Etherpads)
Vorbereitung	Endgeräte müssen geladen sein. Es muss WLAN vorhanden sein. Es muss eine Gesprächsverlaufsvorlage den SuS in einem Schreibtool zur Verfügung gestellt werden. Die entsprechenden Gruppen werden eingeteilt.
Material	• Beamer • Endgeräte (Tablets, Notebooks)
Klassenstufe	9./10. Klasse
Sozialform	GA, 3er-Gruppe
Zeitbedarf	90 Minuten

Unterrichtsverlauf

Phase	Unterrichtsverlauf	Sozialform	Material/Tools
Einstieg	In einem kleinen Rollenspiel sollen zwei SuS zunächst den Beginn eines Bewerbungsgesprächs (Begrüßung, Smalltalk) simulieren. Die Lerngruppe soll den Kandidaten ein Feedback geben.	UG	
Erarbeitungsphase	Die Lerngruppen werden anschließend in 3er-Gruppen aufgeteilt. Eine Gruppe besteht aus einer/einem sich bewerbenden SUS und zwei SuS, die die Personalabteilung darstellen sollen. Die/der Bewerbende überlegt sich einen Job, auf den sie/er sich bewerben will. Die Gruppe entwickelt gemeinsam Fragen, ohne jedoch konkrete Antworten zu geben. Anschließend wird kollaborativ ein Gespräch schriftlich festgehalten.	GA	• Handys oder Tablets • Arbeitsauftrag
Sicherung	Im zweiten Schritt werden alle entwickelten Gespräche vorgestellt. Alle SuS haben drei Stimmen, die sie den besten Gesprächen geben können. Gewonnen hat die Gruppe, die die meisten Punkte erzielen konnte. Dieser Bewertungsvorgang kann auch als Hausaufgabe anhand der Gesprächsprotokolle vorgenommen werden.	UG	• Computer • Beamer

Rollenspiel Bewerbungsgespräch

Aufgabe 1:
Teilt in eurer Gruppe die Rollen auf: Zwei sind von der Personalabteilung, eine oder einer bewirbt sich. Tragt euer Gepräch kollaborativ in die Tabelle ein.
Gewonnen hat die Gruppe, die für ihr Gespräch die meisten Stimmen bekommt.

Gesprächsablauf	Text Personaler/in	Text Bewerber/in
Begrüßung		
Hauptteil Folgende Themen sollen behandelt werden:		
Verabschiedung		

Themenkomplex 5: Varietäten des Deutschen (Klasse 9)

Lerninhalte

Die Unterrichtsideen zum Thema Varietäten des Deutschen sind für die Klasse 9 gedacht. Es geht darum,

- Audioaufnahmen verschiedener Varietäten zu erstellen.
- diese Aufnahmen in einem Quizformat zu unterscheiden.
- mit einem Landkartenspiel unterschiedliche Dialekte des Deutschen ihren Bereichen zuzuordnen.

Unterrichtsideen

Titel	Medien
5.1 Audioaufnahmen zu Varietäten des Deutschen erstellen und zuordnen	• Endgeräte (Handys, Laptops, Tablets) • Mikros • Kopfhörer • Boxen • 1 vorbereitetes Beispiel • Aufnahmeprogramm (z. B. Garageband, Audacity, Audio-Editor Online)
5.2 Ein Landkartenspiel zu Dialekten des Deutschen erstellen und spielen	• Laptops oder Tablets • WLAN • Kartentool (z. B. Learning Apps)

Unterrichtsidee 5.1: Audioaufnahmen zu Varietäten des Deutschen erstellen und zuordnen

Ziele/ Kompetenzen	Die SuS • sichern ihr Vorwissen zu Varietäten des Deutschen. • können Audioaufnahmen in bestimmten Varietäten erstellen. • können Varietäten an Audiodateien erkennen und zuordnen. • vertiefen ihr Wissen zu Varietäten des Deutschen.
Digitale Medien	• Laptops oder Tablets • WLAN • Audio-Aufnahmeprogramm (z. B. Garageband, Audacity, Audio-Editor Online)
Vorbereitung	Das entsprechende Tool muss auf allen Geräten geöffnet sein. Die SuS müssen die Bedienung des Tools beherrschen können. Die Akkus müssen ausreichend geladen sein. Inhaltlich müssen den SuS die unterschiedlichen Varietäten des Deutschen bekannt sein.
Material	• Endgeräte (Handys, Laptops, Tablets) • Mikros • Kopfhörer • Boxen • 1 vorbereitetes Beispiel
Klassenstufe	9. Klasse
Sozialform	GA
Zeitbedarf	90 Minuten

Unterrichtsverlauf

Phase	Unterrichtsverlauf	Sozialform	Material/Tools
Einstieg	Die Lehrkraft spielt den SuS ein vorbereitetes Beispiel vor. Die SuS sollen bestimmen, um welche Varietät es sich handelt und diese Entscheidung begründen.	UG	• Computer • Boxen
Erarbeitungsphase	Die SuS werden in 4 bis 5 Gruppen aufgeteilt. Jede Gruppe soll 4 Beispiele mit den unterschiedlichen Varietäten des Deutschen (Umgangssprache, Fachsprache, Dialekt, Gruppensprache) erstellen. Dafür muss ein Text entwickelt und eingesprochen werden.	EA PA	• Tablets oder Laptops • Mikros • Kopfhörer • Arbeitsauftrag
Sicherung	Wenn alle Gruppen fertig sind, stellen sie ihre Beispiele vor. Die anderen Gruppen müssen erraten, um welche Varietät es sich handelt und ihre Entscheidung mithilfe der Tabelle begründen.	UG	• Computer • Boxen

Varietätenbeispiele vorbereiten und aufnehmen

Aufgabe 1:
Erstellt vier Beispiele für jede Varietät des Deutschen (Umgangssprache, Fachsprache, Dialekt, Gruppensprache). Verfasst zu jeder Varietät einen eigenen Text, den ihr mit der Audiosoftware aufnehmt. Benutzt dafür dieses Arbeitsblatt.

Varietät	Text	Besonderheiten beim Vorlesen	Sprecher/in

Varietätenbeispiele vorbereiten und aufnehmen

Aufgabe 2:
Wenn die anderen Gruppen ihre Beispiele vorstellen, sollt ihr die Beispiele der jeweiligen Varietät zuordnen. Verwendet dabei die folgende Tabelle.

Gruppe/Beispiel	Varietät	Begründung	Zitate

Unterrichtsidee 5.2: Ein Landkartenspiel zu Dialekten des Deutschen erstellen und spielen

Ziele/ Kompetenzen	Die SuS • sichern ihr Vorwissen. • können die Karte Deutschlands in Dialektregionen einteilen. • können Dialektregionen benennen. • können ein Landkartenspiel erstellen.
Digitale Medien	• Laptop oder Tablets • WLAN • Kartentool (z. B. Learning Apps)
Vorbereitung	Das entsprechende Tool muss auf allen Geräten geöffnet sein. Die SuS müssen die Bedienung des Tools beherrschen können. Die Akkus müssen ausreichend geladen sein. Inhaltlich müssen die SuS die unterschiedlichen Dialektregionen kennen.
Material	• Endgeräte • Landkartenspiel • Ein vorbereitetes Landkartenspiel • Das Bild einer Karte Deutschlands mit Grenzen der Dialektregionen (siehe Arbeitsblatt) • Arbeitsauftrag (Aufgabenzettel)
Klassenstufe	9. Klasse
Sozialform	EA, PA
Zeitbedarf	45 Minuten

Unterrichtsverlauf

Phase	Unterrichtsverlauf	Sozialform	Material/Tools
Einstieg	Den SuS wird ein bereits fertiges Spiel vorgestellt. Sie sollen max. 2 Regionen erraten. Anschließend wird ihnen die Aufgabe gestellt, selbstständig ein solches Spiel zu entwickeln und zu spielen.	UG	• Beamer • Computer
Erarbeitungsphase	Die SuS erstellen das Quiz, indem sie zuerst in Einzelarbeit alle Dialekte den dazugehörigen Orten zuordnen. Das Tool erstellt aus den eingegebenen Informationen ein Spiel, bei dem bestimmten Punkten aus der Karte eine Dialektregion zugeordnet werden muss, wobei aus verschiedenen Möglichkeiten ausgewählt werden kann. Anschließend tauschen die SuS mit ihrem Partner oder ihrer Partnerin die Spiele aus und spielen dann das jeweils andere Spiel.	EA PA	• Tablets oder Laptops • Arbeitsauftrag
Sicherung	Am Ende der Stunde werden die Erfahrungen der SuS bei der Entwicklung des Spiels in der Klasse ausgetauscht.	UG	• Computer • Beamer

Karte der deutschen Dialekte

Aufgabe 1:

Erstelle in Einzelarbeit ein Spiel, bei dem die unterschiedlichen Dialekte ihren Regionen zugeordnet werden müssen. Setze dazu Punkte auf die Deutschlandkarte und benenne die jeweilige Region. Benutze dabei die Dialekte im Kasten.

Westniederdeutsch	Ostniederdeutsch	Bairisch	Alemanisch
Ostmitteldeutsch	Westmitteldeutsch	Fränkisch	

Aufgabe 2:

Schicke deiner Sitznachbarin / deinem Sitznachbarn dein Spiel zu und spiele selbst das Spiel des/der anderen. Die Spielerin / der Spieler mit den wenigsten Fehlern hat gewonnen.

Autor: Martin Staeckling. Digital unterrichten. Apps & Co. für Spiele im Deutschunterricht gezielt einsetzen.

Themenkomplex 6: Romane im Deutschunterricht

Lerninhalte

Die Unterrichtsideen für Romane im Deutschunterricht eignen sich für die 8. bis 10. Klasse. Es geht darum,

- Romaninhalte durch Gamification und Sichtbarmachung besser zu verstehen und nachvollziehen zu können.
- Avatare zu Romanfiguren zu erstellen und diese dann erraten zu lassen.
- Orte des Romans spielerisch in Augmented Reality darzustellen.
- Romanhandlungen in digitale Standbilder umzusetzen.
- digitale Schnitzeljagden anhand der Romanhandlung zu spielen.
- mit einem digitalen Quiz Inhalte eines Romans zu wiederholen und zu vertiefen.

Unterrichtsideen

Titel	Medien
6.1 Romanfiguren anhand von Avataren erraten	• Tablets oder Laptops • WLAN • Avatar-App (z. B. Voxi, Bitmoji)
6.2 Orte eines Romans mit Augmented Reality erraten	• Tablets oder Laptops • WLAN • Augmented-Reality-App (z. B. Quiver, AR Makr)
6.3 Romanhandlungen als digitales Standbild spielend darstellen	• Tablets oder Laptops • WLAN • Zeichentool (z. B. Paint, Gimp, Photoshop) oder Sandbox-App (z. B. Minecraft, Robox, Cubelands)
6.4 Zu Romankapiteln eine digitale Schnitzeljagd erstellen und spielen	• Tablets oder Laptops • WLAN • Actionbound-App (z. B. Actionbound, Aris)
6.5 Romanhandlungen durch Computerspiele nachvollziehen	• Tablets oder Laptops • WLAN • Augmented Reality App (z. B. Quiver, AR Makr)
6.6 Romaninhalte mithilfe eines Quizlets abfragen und vertiefen	• Tablets oder Laptops • WLAN • Quiz-App (z. B. Quizlet, Kahoo oder Learning Apps)

Unterrichtsidee 6.1: Romanfiguren anhand von Avataren erraten

Ziele/ Kompetenzen	Die SuS • können einen Avatar einer Romanfigur anhand ihrer Vorstellung gestalten. • können Eigenschaften der Figur in 5 Sätzen charakterisieren. • können Romanfiguren anhand dieser Merkmale erraten.
Digitale Medien	• Laptops oder Tablets • WLAN • Avatar-Creator-Programm (z. B. Voxi, Bitmoji)
Vorbereitung	Das entsprechende Tool muss auf allen Geräten geöffnet sein. Die SuS müssen die Bedienung des Tools beherrschen können. Die Akkus müssen ausreichend geladen sein. Die Romanfiguren müssen den SuS bekannt sein.
Material	• Endgeräte • Avatar-Creator • Arbeitsauftrag (Aufgabenzettel) • Ein vorbereiteter Avatar
Klassenstufe	8. Klasse
Sozialform	GA
Zeitbedarf	45 Minuten

Unterrichtsverlauf

Phase	Unterrichtsverlauf	Sozialform	Material/Tools
Einstieg	Die Lehrkraft präsentiert den SuS einen Avatar, der eine zentrale Figur des Romans darstellt. Die SuS müssen erraten, um welche Figur es sich handelt.	UG	• Beamer • Computer
Erarbeitungsphase	Anschließend wird die Klasse je nach Größe in 4 bis 5 Gruppen aufgeteilt. Jeder Gruppe wird ein Charakter des Romans zugeteilt. Die Gruppen sollen nun einen Avatar erstellen, der ihren Vorstellungen der Romanfigur entspricht. Dabei können sie mithilfe der Tabelle ihre Vorüberlegungen sammeln. Außerdem sollen sie 5 charakteristische Sätze überlegen, die typisch für die Figur sind. Um es nicht zu einfach zu machen, können einige Begriffe verboten werden, ähnlich wie in dem Spiel Tabu. Die Sätze werden in das Sprachfeld des Avatars eingegeben. Die Klasse muss dann erraten, um welche Figur es sich handelt und ihre Vermutungen durch Bezüge zum Roman begründen.	EA PA	• Tablets oder Laptops • Arbeitsauftrag • Avatar-Tools
Sicherung	Am Ende der Stunde kann im Unterrichtsgespräch vertieft werden, wie man die jeweiligen Avatare noch eindeutiger hätte gestalten können.	UG	

Wir bauen unseren Avatar

Aufgabe 1:
Erstellt zu der euch zugeteilten Figur einen Avatar. Tragt dazu äußere Merkmale in die Tabelle ein. Überlegt euch fünf charakteristische Sätze für die Figur und Begriffe, die verboten sind.

Eigenschaften	Beschreibung
Haarfarbe	
Haarlänge	
Gesichtsform	
Ohren	
Nase	
Hintergrund	
Satz 1	
Satz 2	
Satz 3	
Satz 4	
Satz 5	

Aufgabe 2:
Gestaltet den Avatar nach euren Vorstellungen und gebt den Text in sein Sprachfeld ein. Sucht euch eine passende Stimme aus. Stellt euren Avatar am Ende der Klasse vor. Sie muss erraten, um welche Figur es sich handelt.

Unterrichtsidee 6.2: Orte eines Romans mit Augmented Reality erraten

Ziele/ Kompetenzen	Die SuS • können Orte einer Romanhandlung mit Augmented Reality darstellen. • können Orte einer Romanhandlung erkennen. • vertiefen ihre inneren Vorstellungen zu einer Romanhandlung.
Digitale Medien	• Laptops oder Tablets • WLAN • Augmented Reality App (Quiver, AR Makr)
Vorbereitung	Das entsprechende Tool muss auf allen Geräten geöffnet sein. Die SuS müssen die Bedienung des Tools beherrschen können. Die Akkus müssen ausreichend geladen sein.
Material	• Endgeräte (Tablets) • Augmented Reality App • Roman • Arbeitsauftrag (Aufgabenzettel)
Klassenstufe	9./10. Klasse
Sozialform	GA
Zeitbedarf	90 Minuten

Unterrichtsverlauf

Phase	Unterrichtsverlauf	Sozialform	Material/Tools
Einstieg	Die Lehrkraft stellt einen Entwurf des Ortes einer Romanhandlung (z. B. Gerichtssaal, Park, Feld, Teich) vor. Die SuS sollen erraten, um welchen Ort des Romans es sich handelt.	UG	• Beamer • Computer
Erarbeitungsphase	Die SuS werden anschließend in maximal 8 Gruppen aufgeteilt. Jede Gruppe bekommt einen bestimmten Ort des Romans zugewiesen. Zuerst werden Orte auf einem Zettel in 2D vorgezeichnet. Diese werden fotografiert und anschließend durch die App in 3D übertragen und bearbeitet. Sind alle Gruppen fertig, werden ihre Ergebnisse mit den anderen Gruppen nach und nach geteilt. Diese können dann mit den Kameras der Tablets eingesehen werden. Die anderen Gruppen sollen jeweils erraten, um welchen Ort des Romans es sich handelt und ihre Entscheidung begründen. Gewonnen hat die Gruppe, die die meisten Orte erkannt hat.	GA	• Tablets oder Laptops • Arbeitsauftrag • Zettel • Stifte
Sicherung	Abschließend werden die Orte chronologisch der Handlung zugeordnet, um sich ihre Abfolge und den Inhalt zu vergegenwärtigen.	UG	• Computer • Beamer

Unser Ort im Roman

Gruppe: ____________________

Dein Ort: ____________________

Aufgabe 1:
Erstellt eine Zeichnung von dem euch zugeteilten Ort der Romanhandlung.

Aufgabe 2:
Fotografiert eure Zeichnung und bearbeitet das Bild in 3D mit der App. Anschließend sollen alle Gruppen erraten, um welchen Ort es sich handelt. Gewonnen hat die Gruppe, die die meisten Orte erraten hat.

Unterrichtsidee 6.3: Romanhandlungen als digitales Standbild spielend darstellen

Ziele/ Kompetenzen	Die SuS • können Sichtweisen eines Romanthemas ohne Worte darstellen. • können sich in Protagonisten hineinversetzen. • können Inhalte bildlich darstellen. • können inhaltliche Schwerpunkte nachvollziehen.
Digitale Medien	• Laptops oder Tablets • WLAN • Entweder ein Zeichen-Tool (Paint, Gimp, Photoshop) oder ein Sandbox-Computerspiel (z. B. Minecraft, Roblox, Cubelands)
Vorbereitung	Das entsprechende Tool muss auf allen Geräten geöffnet sein. Die SuS müssen die Bedienung des Tools beherrschen können. Die Akkus müssen ausreichend geladen sein. Die Romanhandlung muss den SuS geläufig sein.
Material	• Endgeräte • Zeichen-Tool oder Sandbox-Computerspiel • Arbeitsauftrag (Aufgabenzettel)
Klassenstufe	8. Klasse
Sozialform	GA
Zeitbedarf	90 Minuten

Unterrichtsverlauf

Phase	Unterrichtsverlauf	Sozialform	Material/Tools
Einstieg	Die Lehrkraft schreibt den Begriff „Standbild" an die Tafel. Aus spontanen Äußerungen der SuS wird eine Mindmap erstellt.	UG	• Beamer • Computer
Erarbeitungsphase	Die Klasse wird in Lerngruppen aufgeteilt. Die Gruppengröße kann von 4 bis 6 SuS variieren. Jeder Gruppe wird ein bestimmtes Handlungsthema zugeteilt (z. B. Tod eines Protagonisten, erste Begegnungen Liebender, Streit usw.). Die SuS sollen in der Gruppe ein bestimmtes Standbild digital erzeugen, aus dem das besagte Thema hervorgeht. Wichtig ist hierbei, dass emotionale Faktoren sichtbar gemacht werden (z. B. durch Tränen, Lachen usw.).	EA PA	• Tablets oder Laptops • Zeichentool • Sandbox-Computerspiel
Sicherung	Am Schluss der Stunde stellen die Gruppen ihre Ergebnisse vor. Das Standbild wird von der restlichen Klasse beschrieben und interpretiert (siehe Tabelle). Ebenfalls können eigene Gefühle zum Standbild genannt werden. Anschließend äußert sich die vorstellende Gruppe über ihre Absichten.	UG	• Standbilder

Unser digitales Standbild

Gruppe	Beschreibung	Interpretation	Meine Gefühle zu dem gezeigten Standbild
1			
2			
3			
4			
5			
6			
7			
8			

Autor: Martin Staeckling. Digital unterrichten. Apps & Co. für Spiele im Deutschunterricht gezielt einsetzen.

Unterrichtsidee 6.4: Zu Romankapiteln eine digitale Schnitzeljagd erstellen und spielen

Ziele/ Kompetenzen	Die SuS • können wichtige Inhalte eines Romankapitels darstellen. • können Fragen und Aufgaben zu Romankapiteln stellen. • können alle Kapitel eines Romans in Form einer Schnitzeljagd spielen. • können sich spielerisch einen Überblick über alle Kapitel eines Romans verschaffen.
Digitale Medien	• Laptops oder Tablets • WLAN • Serious Game (z. B. Actionbound, Aris)
Vorbereitung	Das entsprechende Tool muss auf allen Geräten geöffnet sein. Die SuS müssen die Bedienung des Tools beherrschen können. Die Akkus müssen ausreichend geladen sein. Die Romanhandlung muss den SuS bekannt sein.
Material	• Endgeräte • Serious Game • Arbeitsaufträge • Bounds
Klassenstufe	9./10. Klasse
Sozialform	GA
Zeitbedarf	135 Minuten

Unterrichtsverlauf

Phase	Unterrichtsverlauf	Sozialform	Material/Tools
Einstieg	Die Lehrkraft schreibt den Begriff *Schnitzeljagd* an die Tafel. Die SuS erstellen zu dem Thema eine Mindmap.	UG	• Beamer • Computer
Erarbeitungsphase	Die Lehrkraft erklärt den SuS, dass sie nun selbst eine Schnitzeljagd zur Erarbeitung der Romanhandlung erstellen sollen. Dabei wird die Klasse je nach Abschnitten des Buches in Gruppen eingeteilt, die jeweils einen Abschnitt bearbeiten sollen. Im ersten Arbeitsschritt soll der Inhalt in einer digitalen Form festgehalten werden. Dies kann von einer Inhaltsangabe bis zu einem kurzen Video oder einem Podcast reichen. Im zweiten Arbeitsschritt soll mit dem jeweiligen Programm eine Aufgabe zu dem vorgestellten Inhalt entwickelt werden, wobei z. B. bei Actionbound Quizze, Aufgaben, Duelle oder Umfragen durchgeführt werden können. Haben alle Gruppen ihre Station erstellt, durchlaufen sie alle Stationen außer ihrer eigenen. Hierzu wird pro Gruppe ein QR-Code erstellt, der sich über die Tablets abrufen lässt und zu dem jeweiligen Bound führt.	EA PA	• Tablets oder Laptops • Arbeitsauftrag
Sicherung	Am Ende der Stunde kann die Handlung noch einmal zusammengefasst von der Lehrkraft mit den SuS an der Tafel gesichert werden.	UG	

Wir erstellen unseren Bound

Aufgabe 1:
Erarbeitet in eurer Gruppe den Inhalt des Abschnitts __________ des Romans. Stellt ihn in einer beliebigen Form (Inhaltsangabe, Podcast, Video) dar. Ladet eure Ergebnisse in euren Bound hoch.

Aufgabe 2:
Überlegt euch eine oder mehrere Aufgaben, die den Inhalt abfragen. Dazu könnt ihr mit der App Quizze, Duelle oder Umfragen erstellen. Fügt diesen Abschnitt ebenfalls zu eurem Bound hinzu.

Aufgabe 3:
Erstellt einen QR-Code, der zu eurem Bound führt.

Aufgabe 4:
Haben alle Gruppen einen Bound erstellt, spielt mit eurer Gruppe alle Bounds außer euren eigenen durch. Macht euch dabei Notizen zu den jeweiligen Abschnitten. Dazu könnt ihr die folgende Tabelle nutzen.

Tabelle: Abschnitt	Personen	Handlung	Wichtigste Stellen

Unterrichtsidee 6.5: Romanhandlungen durch Computerspiele nachvollziehen

Ziele/ Kompetenzen	Die SuS • können Inhalte des Romans anhand des Spieles erläutern. • können Situationen des Romans durch das Spielen ähnlicher Situationen nachvollziehen. • können Vergleiche zwischen Spiel und Roman ziehen.
Digitale Medien	• Laptops oder Tablets • WLAN • Augmented Reality App (Quiver, AR Makr)
Vorbereitung	Es müssen zu behandelten Romanen verwandte Spiele gesucht werden, die einen Teilaspekt der Handlung behandeln. Die Spielhandlung muss nicht mit der Romanhandlung identisch sein, sollte aber gewisse Konvergenzen aufweisen. Es werden hier einige Vorschläge gemacht. Die Spiele müssen auf den Endgeräten verfügbar sein. Die Vergleichstabelle mit der Aufgabenstellung muss den SuS ausgeteilt werden.
Material	• Endgeräte (Tablets oder Laptops) • Spiele • Vergleichstabelle mit Aufgabenstellung
Klassenstufe	9./10. Klasse
Sozialform	EA
Zeitbedarf	90 Minuten

Unterrichtsverlauf

Phase	Unterrichtsverlauf	Sozialform	Material/Tools
Einstieg	Die Lehrkraft spielt vor der Klasse einen Ausschnitt des ausgewählten Spiels. Die SuS sollen erklären, was das Spiel mit dem behandelten Roman gemeinsam hat.	UG	• Beamer • Computer
Erarbeitungsphase	Die SuS sollen in Einzelarbeit das jeweilige Spiel bis zu einem gewissen Punkt durchspielen. Anschließend sollen sie die dazugehörige Tabelle ausfüllen. Es sollen Vergleiche zu den im Roman behandelten Inhalten und eigenen Erfahrungen und Gefühlen während des Spiels festgehalten werden.	GA	• Tablets oder Laptops • Tabelle • Spiel • Roman
Sicherung	Abschließend sollen die SuS ihre Ergebnisse vorstellen und sich mit dem Plenum über gemachte Erfahrungen austauschen.	UG	• Computer • Beamer

Übersicht: Romane und mögliche Spiele

- Die Physiker: Spiel „Trüberbrook"
- Der Geruch von Wut: Spiel „Leons Identität"
- Tschik: Spiel „The Inner World"
- Im Westen nichts Neues: Spiel „Valiant Hearts – The Great War"

Parellelen Roman und Computerspiel

Aufgabe 1:
Spiele das vorliegende Game durch. Fülle parallel die vorliegende Tabelle aus. Ziehe Vergleiche zu dem von uns behandelten Roman.

Abschnitt des Spiels	Folgenden Verlauf hatte das Spiel	Folgende Parallelen zum Roman sind mir aufgefallen	Diese Eindrücke und Emotionen hatte ich während des Spielabschnitts

Unterrichtsidee 6.6: Romaninhalte mithilfe eines Quizlets abfragen und vertiefen

Ziele/ Kompetenzen	Die SuS können • Fragen zur Handlung des Romans beantworten. • Charaktere erkennen und ihnen Eigenschaften zuordnen. • wesentliche Inhalte eines Romans spielerisch wiedergeben.
Digitale Medien	• Laptops oder Tablets • WLAN • Quiz-App (z. B. Quizlet, Kahoo oder Learning Apps)
Vorbereitung	Das entsprechende Tool muss auf allen Geräten geöffnet sein. Die SuS müssen die Bedienung des Tools beherrschen können. Die Akkus müssen geladen sein. Die Romanhandlung muss den SuS bekannt sein. Die Lehrkraft muss genug Fragen entwickeln und in das Quiz eingeben.
Material	• Endgeräte • Vorbereitete Quizze
Klassenstufe	9./10. Klasse
Sozialform	EA
Zeitbedarf	45 Minuten

Unterrichtsverlauf

Phase	Unterrichtsverlauf	Sozialform	Material/Tools
Einstieg	Die Lehrkraft zeigt den SuS drei Fragen, die sich auf die Romanhandlung beziehen. Die Fragen werden im Plenum beantwortet. Anschließend wird die jeweilige Frage in den Handlungsverlauf des Romans eingeordnet.	UG	• Beamer • Computer
Erarbeitungsphase	Den SuS wird die Bedienung des Quizes erklärt. Der entsprechende Link wird geschickt und die Durchführung durch die Lernkraft angeleitet. Anschließend soll die Lerngruppe das Quiz durchspielen.	EA PA	• Tablets oder Laptops • Quiz
Sicherung	Abschließend soll jede/jeder SuS den Feedbackbogen ausfüllen. Im Plenum wird besprochen, welche Aspekte der Romanhandlung durch das Quiz wieder in den Fokus gerückt sind. Es kann an dieser Stelle auch intensiv der Handlungsverlauf des Romans wiederholt werden, um bei der Lerngruppe letzte Unsicherheiten in Bezug auf die Romanhandlung auszuräumen.	UG	• Feedbackbogen

Feedbackbogen

Diese Fragen haben mir geholfen, den Roman besser zu verstehen:	
Folgende Handlungsabläufe habe ich durch das Quiz besser verstanden:	
Durch das Quiz habe ich folgende Charaktere und ihre Handlungen besser verstehen können:	
Das hat mir insgesamt am Quiz gut gefallen:	
Diese Fragen haben mir beim Quiz gefehlt:	
Ich hätte mir von dem Quiz gewünscht, dass es auf diese Aspekte des Romans intensiver eingegangen wäre:	

Ratgeber und Praxishilfen

Kreative Impulse und konkrete Unterstützung

Lehrwerkunabhängige Materialien, die Sie im pädagogischen Alltag spürbar entlasten:

- **Ratgeber** zu allen aktuellen Themen rund um Ihren Unterrichts- und Schulalltag
- **Fachliteratur** zur Methodik und Didaktik – für angehende sowie für erfahrene Lehrkräfte
- **Methodenbücher**, (Lern-)Spiele und Rätselsammlungen – für Ihr Fach sowie fachübergreifend
- **Übungen** zum Wiederholen und Festigen von Inhalten
- **Kopiervorlagen** zu allen gängigen Lehrplanthemen, Kompetenzbereichen und für Vertretungsstunden

Online mehr erfahren:
crnl.sn/unterrichtshilfen